내일을 위한 선택

내일을 위한 선택

제프 웍와이어 지음 ㅣ 김미정 옮김

도서
출판 선·미디어

자동차의 앞 유리가 백미러보다 큰 데에는 한 가지 이유가 있다. 자동차는 절대 뒤로 운전하기 위해서 만들어지지 않았기 때문이다. 목·머리·어깨를 비틀어서 뒤쪽을 보면서 당신의 팔을 뒷좌석에 지지하는 것은 두말할 나위 없이 매우 힘든 자세이다.

차체 내의 모든 것들은 앞쪽을 향하고 있다. 앞쪽으로 움직이는 것이 바로 자동차의 국제적인 설계인 것이다.

사람이 자동차를 앞으로 가도록 하기 위해 만들고 앞으로 가도록 운전하는 것처럼 하나님께서는 인류를 그분께로 향해 나아오도록 하기 위해 창조하셨고 또 그렇게 인도하고 계시다.

제프 윅와이어Jeff Wickwire 목사는 우리가 미처 생각해 보지 못했던 것들을 설명하는 데 탁월한 능력을 가지고 있는 사람이다.

이 책은 당신의 인생 여정을 올바른 방향으로 가도록 하기 위한 안내서이다. 당신의 운명이신 그분께로 가는 길에 초점을 맞추도록 붙들어 줄 것이다.

이따금씩 뒤를 살짝 보는 것은 우리에게 도움이 되기도 한다. 그리고 꼭 필요한 것이기도 하다. 하지만 결코 되돌릴 수 없는 일, 과거의 일에서 허우적 대서는 안된다. 그것은 당신의 미래를 갉아먹는 일임을 명심해야 한다.

우리는 과거의 일들을 바라보면서 후회하도록 창조된 존재가 절대 아니다. 우리는 앞으로 나아가도록 그분께로 향하도록 창조되었다.

본인의 삶과 성품, 그리고 자신의 간증을 통하여 우리에게 좋은 교훈을 나누어 준 제프 윅와이어 목사에게 감사의 뜻을 전한다. 제프 윅와이어 목사는 멈출 줄 모르는 사람이다. 실패를 두려워하는 사람이라면, 고난 앞에서 쉽게 포기하는 사람이라면 그 누구도 세 곳의 교회를 개척하고 목회할 수는 없었을 것이다.

그의 신앙과 삶의 모든 것이 녹아 있는 이 책을 읽고 느낀 것이 참 많다. 나도 이제 돌아가서 내 백미러를 좀 고치고 정속 주행장치를 달아야겠다. 나도 혹시 과거에 연연하지는 않는지 돌아보고, 만일 그랬다면 이제부터 나의 초점을 미래에 맞추도록 노력해야겠다.

과거의 시간에 얽매여 있지 말고 미래로 향하는 당신의 발걸음을 위에 하나님의 축복이 함께 하시길 기도드리며, 「내일을 위한 선택」이 발간됨을 축하드린다.

갓체이서 네트워크GodChasers Network의

토미 테니Tommy Tenney 목사

　　　　　　　　　　과거에 갇혀 있는 것은 그리스도
인들이 직면하는 가장 흔한 전쟁 가운데 하나이다. 그리고 이것은 우
리를 하나님의 계획에서 멀어지도록 만들기 때문에 원수는 우리가
과거 속에 갇혀 있으면 아주 즐거워한다.

　내가 장담하건데 이 책을 읽는 동안 어느 시점에선가 당신은 새로
운 비전이라는 친구를 만나게 될 것이다.

　제프 웍와이어는 성경의 예화와 일상생활의 예를 통하여, 하나님
의 부르심과 목적을 이루는 데 과거가 어떻게 우리를 막고 있는지 분
명하게 설명하고 있다.

　제프 웍와이어의 「내일을 위한 선택」은 많은 독자들을 다시금 앞으
로 나아가게 하고 건너편에서 그들을 기다리고 있는 기쁨을 발견하
도록 도와줄 것이라고 확신한다.

LIFE O 아웃리치 인터내셔널LIFE O Outreach International의
회장이자 설립자인 제임스 로빈슨James Robinson

이 책은 '엉망진창'인 삶을 정돈하기를 원하는 사람들이라면 반드시 읽어야 한다.

사실 당신의 엉망진창인 삶 속에는 기적이 담겨 있다. 당신이 그 기적을 찾으려 한다면 말이다.

제프 윅와이어 목사의 통찰은 아직 다가오지 않은 거룩한 만남에 이르는 실제적인 열쇠들을 우리에게 준다. 그리고 그는 과거가 우리의 현재 삶을 좌지우지하지 않게 하면서도 우리가 과거를 통하여 배울 수 있도록 도와주는 놀라운 일을 해냈다.

호프 크리스천 처치 Hope Christian Church,

저자이자 연설가인 해리 잭슨 주니어 Harry R. Jackson Jr.,

서기 79년, 베수비오 산Mount Vesuvius이 분출했을 때 거기서 나온 불과 유황은 아무런 예상도 못했던 그곳 주민들 위로 비처럼 쏟아졌고, 이로써 폼페이Pompeii의 고대 도시는 그 즉시 폐허로 돌변하였다.

18세기의 소름끼치는 고고학적 발견 가운데 하나는 이 폐허에서 나왔는데, 바로 당시 그 시간 속에 꼼짝없이 묻혔다가 그대로 드러난 수천 구의 시신이었다. 그들은 침대에 누워 있거나 의자에 앉아 있었고, 거리에 웅크린 사람들은 서로 손을 잡고 있었으며, 얼굴에는 공포에 떨고 있음이 역력히 드러났다.

폼페이를 발견했던 현대의 관찰자들 눈에 폼페이의 주민들은 마치 피할 수 없는 그 한 순간 속에 영원히 갇혀버린 것처럼 보인다. 시간은 그들을 둘러싸고 끊임없이 흘렀고 수없이 많은 계절들이 지나갔지만, 여전히 그들은 그 파괴의 순간 속에 사는 듯 보인다.

우리 가운데 많은 이들은 이처럼 과거에 갇혀 사는 듯하다.

당신의 현재 상태도 이와 같은가? 과거에 얽매인 듯한 느낌을 받는가? 만약 그렇다면 당신은 한 가지를 선택할 수 있다. 상처받고 환멸을 느끼고 모함 받고 기진맥진했던 과거의 순간이나 그 시절 속에 꽁꽁 언 채로 남아 있을 것인지 아니면 밖으로 나올 것인지 말이다.

즐겁고 충만한 인생을 앗아가는 가장 사악한 도둑은 바로 과거에 대한 붙잡힘이다. 이를 가리켜 나는 '백미러 포커스'라고 부르는데, 이는 우리의 현재 행복과 미래의 약속을 훔쳐가게 된다.

과거라는 늪에서 벗어나지 못하고 헤어나오지 못하는 것, 후회해도 소용없는 일을 생각하고 또 생각하면서 후회 속에 있는 것, 고통스러운 기억들, 그리고 이미 오래전에 지나가버린 사람이나 장소 또는 물건을 향한 무절제한 애착 때문에 셀 수 없이 많은 이들의 인생이 어둠 속에 그늘지고 있다.

지금 당신의 삶이 이와 같다면 이 책을 정독하고 당신의 시간을 다시 정립하라. 이 책은 당신이 과거에서 놓여 자유를 얻는 데 도움을 줄 것이다. 당신을 깊이 사랑하시는 하나님께서는 당신의 고통 속으로 들어가셔서 그것을 변화시키기를 원하신다.

우리의 여정을 시작하는 이 시점에서, 나는 당신에게 이사야 선지자의 말씀을 묵상해 보라고 권하고 싶다.

"너희는 이전 일을 기억하지 말며 옛적 일을 생각하지 말라 보라 내가 새 일을 행하리니 이제 나타낼 것이라 너희가 그것을 알지 못하겠느냐 정녕히 내가 광야에 길과 사막에 강을 내리니"(사 43:18~19)

어떤가? 말씀을 대하니 벌써부터 소망의 물결이 밀려드는 듯 하지 않는가? 나 또한 그렇다. 우리 함께 이 여행을 시작해 보자!

| 차 례 |

1부 백미러를 통해 바라보기

2부　앞 유리를 통해 바라보기

감사의 글

"누가 현숙한 여인을 찾아 얻겠느냐 그 값은 진주보다

더하니라"(잠 31:10)

나의 아내 케이시Cathy는 나에게 있어 가장 고귀한 존재이다.
케이시는 생애 절반 이상을 나와 함께 해오면서 "그런 자의 남편
의 마음은 그를 믿나니 산업이 핍절치 아니하겠으며 그런 자는
살아 있는 동안에 그 남편에게 선을 행하고 악을 행치 아니하느
니라(잠 31:11~12)"는 솔로몬 왕 말의 산 증거가 되어 주었다.

내 삶 속으로 부름 받은 것에 대한 그녀의 변함없는 믿음, 그리
고 악명 높은 '서경'(글씨를 쓸 때 손이 떨리거나 손가락이 굳어져서 잘
쓰지 못하게 만드는 신경증 – 역주)이 찾아올 때마다 그녀가 보여준 변
함없는 격려가 아니었다면 이 책을 쓰지 못했을 것이다.

이보다 더 좋은 팬은 없다는 사실을 생각해 볼 때 나는 절로 겸
손해진다. 이 책을 사랑하는 나의 아내 케이시에게 바친다.

옛날이 오늘보다 나은 것이 어찜이냐 하지 말라
이렇게 묻는 것이 지혜가 아니니라(전 7:10)

당신 품 속에 과거를 너무 꽉 붙들고 있으면
현재를 껴안을 팔이 없다.

_ 잔 글라이드웰 Jan Glidewell

백미러를 통해 바라보기

1

지난 날에 사로잡혀

그 사람들이 그들을 밖으로 이끌어낸 후에 이르되
도망하여 생명을 보존하라 돌아보거나 들에 머무르거나
하지 말고 산으로 도망하여 멸망함을 면하라(창 19:17)

향수Nostalgia는 매혹적인 거짓말쟁이다.

_ 조지 W. 볼George W. Bell

기억해야 할 것과 버려야 할 것의 사이

"우리는 과거를 사랑하며 살고 있다"는 사실을 한 번이라도 의식한 적이 있는가?

우리 사회는 과거를 그리워하는 것들로 가득 차 있다. 라디오에서 수도 없이 흘러나오는 〈그리운 옛 노래〉에서부터, 독자들에게 '수수했던 시절의 기억들'을 가져다준다고 약속하는 〈추억 속으로〉와 같은 신종 잡지에 이르기까지 모든 것이 과거를 회상하게 한다. 눈길이 닿는 곳마다 왕년의 낭만을 떠올리게 하는 것들이 우리를 유혹한다.

수많은 할리우드 블록버스터 영화들은 과거를 동경하게 함으로써 이득을 톡톡히 챙긴다. 역사적인 비극을 다룬 영화 〈타이타닉Titanic〉은 나이가 지긋한 한 여성의 잃어버린 사랑에 관한 이야기를 담고 있다. 다시 찾은 젊음에 대한 갈망을 드러내는 〈코쿤Cocoon〉, 현실을 뛰어넘어 과거로 떠나 진실한 사랑을 찾는다는 아름다움과 미스터리의 대작 〈사랑의 은하수Somewhere in Time〉등 많은 영화들이 과거를 동경하게 한다.

과거를 돌아보거나 역사 속의 멋진 순간들을 감상하는 것은 결코 잘못된 일이 아니다. 또한 핵, AIDS, 공기 오염, 테러의 위험이 없었던 시절을 그리워하며 회상하는 것도 결코 나쁜 일이 아니다. 지나간 날들을 돌아보며 하나님께서 우리에게 선을 베푸셨던 때를 다시 세어보는 것은 자연스러운 일이다.

사실 성경은 하나님께서 그의 백성들이 과거를 기억하도록 하기 위해 교훈하셨다는 점을 보여주고 있다. 그리스도 역시 교회에 모인 무리들에게 기념의 행위로써 주의 식탁에 참여하는 의식에 동참하라고 말씀하셨다.

이에 바울은 "너희가 이 떡을 먹으며 이 잔을 마실 때마다 주의 죽으심을 오실 때까지 전하는 것이니라"(고전 11:26)고 가르치고 있다.

'그가 오실 때까지' 라는 말을 통해 우리는 그리스도가 십자가에서 우리를 위해 행하신 일들을 '되돌아보고', 새날의 여명이 밝아올 때까지 즉 그분께서 구름 사이로 다시 나타나실 때까지 이를 기념해야 함을 확실히 알 수 있다.

이렇게 과거를 기념하는 행위는 이스라엘 역사의 초기 시절을 통해서도 추적해 볼 수 있다. 예컨대 바로왕이 이스라엘 백성을 출애굽시키라는 모세의 말에 응하지 않자 하나님은 애굽에 10가지 재앙을 내리셨다.

마지막 열번째 재앙은 애굽의 장자를 치신 것인데, 이때 문설주에 양의 피를 바른 이스라엘 사람들의 집에는 재앙을 내리지 않으시고 지나가게 하셨다. 그리고 주님은 모세에게 이렇게 말씀하셨다.

"너희는 이 날을 기념하여 여호와의 절기를 삼아 영원한 규례로 대대에 지킬찌니라"(출 12:14)

그리고 오늘날까지도 유대인들은 하나님의 명령대로 유월절을 돌아보면서 그날을 기념한다.

모세가 죽고 난 뒤에 하나님께서는 여호수아(모세의 뒤를 이은 새로운 후계자)를 통해 약속의 땅을 향한 길고도 고된 첫 여정을 떠나는 이스라엘 사람들 앞에 구체적인 가르침을 주셨다.

"요단 가운데 제사장들의 발이 굳게 선 그곳에서 돌 열둘을 취하고 그것을 가져다가 오늘밤 너희의 유숙할 그곳에 두라"(수 4:3)

이후에 여호수아는 각 지파를 대표하는, 선택받은 열 두 사람들에게 다음과 같이 지시했다.

"요단 가운데 너희 하나님 여호와의 궤 앞으로 들어가서 이스라엘 자손들의 지파 수대로 각기 돌 한 개씩 취하여 어깨에 메라 이것이 너희 중에 표징이 되리라 후일에 너희 자손이 물어 가로되 이 돌들은 무슨 뜻이뇨 하거든 그들에게 이르기를 요단 물이 여호와의 언약궤 앞에서 끊어졌었나니 곧 언약궤가 요단을 건널 때에 요단 물이 끊어졌으므로 이 돌들이 이스라엘 자손에게 영영한 기념이 되리라 하라"(수 4:5~7)

하나님께서는 이스라엘의 후대 사람들이 과거를 돌아보면서 믿음을 굳건히 할 수 있기를 소원하셨다.

성경의 이러한 예화 속에서 과거 사건들은 '기념의 돌'이자 추억의 징표로, 그분께서 그의 백성을 강한 손으로 이끄셨던 때를 떠올리도록 했다.

따라서 우리도 '기억의 돌'을 가져야 한다. 그리고 하나님께서 축복의 길로 우리를 이끌어 나아가셨던 때를 기억해야 한다.

우리의 여정 속에 맛보는 성공들과 함께 과거는 우리가 어렵게 얻은 교훈들을 상기시켜 주는 유일한 것으로써 작용한다. 그래서 우리가 그것들을 기억한다면 값비싼 대가를 치르는 동일한 실수의 반복을 피할 수 있다.

우리는 과거를 통해 하나님께서 우리의 길에 앞서서 보내주신 모든 가치있는 교훈들을 배워야 하며 또한 배울 수 있다.

사도 바울은 광야에서 이스라엘 자녀들이 저질렀던 죄들을 조목조목 나열하면서 "저희에게 당한 이런 일이 거울이 되고 또한 말세를 만난 우리의 경계로 기록하였느니라"(고전 10:11)고 말했다.

이스라엘 백성들이 우상숭배, 성범죄, 불평, 불만 등의 죄를 지음으로 인해 받은 책망에 대한 이야기를 통해 우리는 그들이 과거에 저질렀던 과오를 반복하지 않도록, 오늘날 동일한 덫에 걸리지 않도록 해야 한다는 교훈을 얻을 수 있다.

우리는 우리의 믿음을 굳건히 하기 위해 하나님께서 베푸셨던 과거의 축복들을 회상하고 기억해야 하며, 또한 미래를 바라보며 지혜를 얻도록 우리가 과거에 저지른 죄와 그에 대한 채찍들을 기억함으로 가야할 바와 가지 말아야 할 바를 생각해야 한다.

이렇듯 과거를 기억하고 돌아보는 것은 우리에게 꼭 필요한 것이다.

그렇다면 과거를 돌아보는 것이 어느 때에 역효과를 불러오며 심지어 파괴적이기까지 할까? 과거를 돌아보는 것이 믿음의 방해물이 되고 우리 삶의 걸림돌이 되는 시점은 언제일까?

그것은 바로 과거의 유령들이 우리를 마비시키고, 우리를 미래로 나아가지 못하도록 만드는 시점이다.

'예전 거기에' 있던 무언가가 우리를 붙들고 있다면, 바로 그때가 구원이 필요한 시점인 것이다. 이와 같은 모든 '포로' 들에게 과거는 유쾌한 것도, 생산적인 시간도 아니다.

우리 자신을 더 깊이 이해하기 위해 때때로 과거를 평가할 필요가 있다는 점에 반론을 제기하는 것은 아니다. 잠깐 과거를 돌아보는 것도 현재 자신의 위치와 주변 상황을 파악하는 데 유익하다.

하지만 이 책에서 말하고자 하는 것은 앞으로 나아가지 못하도록 발목을 붙잡고 있는 과거의 시간들과 과거의 기억들을 이야기하는 것이다.

풀리지 않는 어떤 죄를 끊임없이 뒤돌아보는 사람을 당신은 본 적이 있는가(당신 자신일 수도 있다)? 또는 어떤 개인적인 실패 때문에 스스로 용서하지 못하는 덫에서 헤어 나오지 못하는 사람을 본 적이 있는가? 아마 사랑하는 사람과의 사별, 시기적절치 못했던 결정이나 사업 부진 등은 앞을 향해 나아가는 데 실의와 두려움을 가져다 주었

> 우리 모두는 추억의 징표인 '기념의 돌'을 가짐으로써, 하나님께서 우리를 향해 강한 손을 펼치시며 역사하셨던 때를 기억해야 한다.

을 것이다. 성 학대나 폭력과 같은 고통스러운 개인적 외상 경험이나 깨어진 연인 관계는 마음을 산산 조각나도록 만들었을 것이다.

지나치게 과거에 초점을 맞추어서는 안된다. 과거의 늪에서 헤어나오지 못한다면 당신은 미래의 시간을 빼앗길 것이다.

이 책의 1부에서는 오늘을 살아가는 우리를 지난 세월 속에 간혀 지내게 하고 과거 속에 붙들어 두려는 여섯 가지 적의 '사슬'을 탐색해 볼 것인데, 그 사슬들은 다음과 같다.

하나 _ 사람 또는 사물에 대한 무절제한 애착
둘 _ 과거의 성공
셋 _ 마음의 상처
넷 _ 실패
다섯 _ 외상*Trauma*
여섯 _ 쓴 뿌리

과거에 묶여 있는 사람들은 과거에서 자유를 얻기까지는 기쁨, 성취, 삶의 의미, 그리고 하나님이 베푸시는 최상의 가치들을 빼앗기고 있다. 앞을 향해 나아가는 모든 소망은 보이지 않는다. 그들은 이따금씩 위에 제시된 미끼들을 덥석 물고는 과거 속으로 들어가 버린다. 어제는 그들의 교도관이자 체포자, 군주가 되고 결국 그들의 현실이 되어 버린다.

이후 2부에서는 우리를 기다리고 있는 흥분되는 미래로 시선을 옮겨볼 것이다. 하나님께서는 우리를 향하여 뜻하신 바를 계획하고 계신다. 내일이란 당신이 발견하는 것이 아니라, 그분께서 보여주시는 것이다. 그분의 나를 향한 계획하심은 내가 과거에 집착하는 데서 벗어나야 할 가장 큰 이유 가운데 하나이다.

이제 우리를 과거에 묶어두는 사슬에 대해 생각해 보자.

당신은 당신의 과거에 묶여 있는가?

어떤 기억이 과거의 과오를 되풀이하지 않도록 교훈을 주고 있는지 아니면 당신을 과거에서 헤어나오지 못하게 하고 있는지, 어떻게 알 수 있을까?

주변 정황을 잘 파악하기 위해 백미러를 흘끗 보는 행동과 앞으로 나아가야 할 때 백미러를 쳐다 보고 있는 것과의 차이라고나 할까? 치료와 구원이 필요한 지경에 이르기까지 과거에 초점을 맞추어져 있는 사람은 다음과 같은 특징을 갖고 있다.

1. 한 사람(여러 사람) 또는 어떤 사건(사건들)에 지나치게 몰두해 여념이 없다.
2. 아무리 애써 노력해 봐도 과거 사건을 그냥 흘러가도록 내버려 둘

수 없다.

3. 과거 시절이나 옛적에 머무르던 장소를 지나치게 갈망한다.

4. 생생하고 반복적으로 떠오르는 기억들이 두려움, 죄책감, 분노 또는 비통을 일으킨다.

5. "그때가 정말 좋았지"라면서 그보다 더 좋은 날들은 없을 것이라는 생각에 빠져 있다.

위의 항목들을 보고 나니 무언가 떠오르는 것이 있는가? 예수님께서는 이러한 덫에서 우리를 자유롭게 해 주시기 위해서 이 땅에 오셨다. 이것들은 모두 영적인 뿌리가 있기 때문에 오직 한 가지, 하나님의 진리만이 제거할 수 있다.

우리는 우리가 경험한 과거의 영향을 받지만, 반면 우리가 아는 지식들로 말미암아 변화될 수 있다.

그래서 예수님께서는 "진리를 알찌니 진리가 너희를 자유케 하리라"(요 8:32)고 말씀하신 것이다. 우리가 하나님의 말씀을 조금밖에 모른다면 그만큼 사탄이 풀어둔 덫과 올무에 걸려들기가 쉬워진다.

위에 언급된 사슬들은 하나님의 자녀들에 맞서는 사탄이 보유한 무기들의 일부이기에 반드시 영적인 무기로 대항해야 한다.

"우리의 싸우는 병기는 육체에 속한 것이 아니요 오직 하나님 앞에서 견고한 진을 파하는 강력이라"(고후 10:4)

《뉴 스트롱 버전의 확장판 성경 용어 사전》(Nelson, 2000)에서는 stronghold(견고한 진)는 '방어를 튼튼히 하다, 안전하게 지키다' 라는 의미가 있는 그리스어에서 유래되었다고 설명한다.

따라서 견고한 진은 당신을 꼭 붙들고 안전하게 지켜주는 무언가를 뜻하는 것이다. 견고한 진은 '당신을 강하게 지켜준다' 는 것으로 이것은 그 안에 묶인 자들을 사로잡고 있는 방비를 튼튼히 갖춘 하나의 성이라는 의미다.

이러한 정황에서 보았을 때, 바울은 하나님의 뜻에 대항하여 자기 자신을 고상하게 여기는 생각들에 대해 다음과 같이 이야기한다.

> "모든 이론을 파하며 하나님 아는 것을 대적하여 높아진 것을 다 파하고 …"(고후 10:5)

그것이 바로 우리를 과거에 묶어두려는 사슬들이 추구하고자 하는 목적이다.

'하나님을 아는 것' 은 당신을 향한 그분의 뜻과 관계가 있으므로 사탄은 당신이 하나님을 아는 지식을 얻길 원치 않는다. 그래서 그는 당신 마음 속에 하나님 뜻에 대항하는 생각들, 논리들, 주장들을 미끼로 던져놓고는 다음과 같이 도전적인 말로 선언한다.

"당신은 과거에 완전히 묶이게 될 것이다. 그래서 하나님의 계획하신 충만한 데까지 걸어갈 수 없을 것이다!"

생각해 보아라. 낚시꾼의 배에 올라오게 된 곤경에 빠진 물고기가 말을 할 수 있다면, 그는 아마 이렇게 말할 것이다.

"그 아무렇지도 않아 보이던 벌레 뒤에 뭐가 웅크리고 있었는지 알았더라면 얼마나 좋았을까? 모든 일이 너무도 순식간에 벌어지고 말았어. 처음에 그 보기 좋은 먹이가 내 눈앞에 나타났고 나는 그것을 덥석 물어 버렸지! 그런데 갑자기 뭔가가 날 찌르고 잡아당기는 걸 느낀 거야. 도대체 무슨 일이 벌어졌던 거지? 그리고 나는 내 뜻과는 반대로 잡아당기고 있는 길고 가느다란 선을 하나 본 것 같아. 내가 알기도 전에 어떤 무서운 존재가 날 자기 손으로 꽉 쥐었고, 여차저차해서 이렇게 돼버린 거야."

그 벌레는 전혀 의심치 않았던 그 물고기를 꼬여 갑자기 죽음에 이르게 만들었다. 그 벌레는 마치 사탄이 던지는 미끼와도 같다. 우리는 그것을 물면 안되는 것이다.

우리를 멸망시키려는 계획 뒤에 사탄이 있다는 사실을 확실히 알아야 한다. 사탄은 할 수만 있다면 건전하지 못한 방식으로 과거에 집착하게 하여 우리를 결국 그의 '배' 안으로 끌어들일 것이다.

하나님께서 우리를 위해 쌓아두신 놀라운 미래를 숨기기 위해 할 수 있는 일이라면 그는 무엇이든지 할 것이다. 그는 과거에 얽매이는 데에서 자유로워지기 위하여 내리는 결정 이면에 무엇이 기다리고 있는지 당신이 어렴풋이나마 알게 되는 것을 혐오한다.

적들은 하나님께서 당신의 삶을 향해 세워두신 계획의 충만한 데까지 당신이 차오르기를 원치 않는다. 그러한 일이 일어나지 못하도록 막기 위해서라면 그는 무엇이든 할 것이다.

이런 점을 염두에 두고, 이제 사탄을 대단한 환상에 빠진 자요 정말로 악한 존재라고 바라보기로 하자.

사탄은 할 수만 있다면 과거에 집착하게 하여 우리를 결국 그의 '배' 안으로 끌어들일 것이다.

내가 소년이었을 때, 어떤 오래된 헤라클레스 영화에서 보았던 한 장면이 생생하게 기억난다.

헤라클레스(스티브 리브Steve Reeves가 연기했던)는 적에게 사로잡혀 노예 선slave ship의 밑바닥에 갇히게 되었고, 다리는 족쇄로 채워졌다. 무자비한 간수는 그의 머리 위로 연신 채찍을 내리 치면서 "노를 저어라! 노를 저어라!"하고 소리를 질러댔다.

결국 그렇게 노를 저었던 헤라클레스는 근육이 튼튼해져서 스스로 결박을 풀고 자유의 몸이 되었지만 내가 말하고 싶은 점은, 그 장면을 보고 있노라면 마치 사탄이 정서적 애착의 채찍, 과거 성공의 채찍, 마음의 상처라는 채찍, 실패라는 채찍, 외상의 채찍, 그리고 쓴 뿌리의 채찍을 인간에게 내리치는 듯한 생각이 든다는 것이다.

사탄은 그렇게 해서 우리가 내일에 초점을 맞춰야 할 때 어제의 고통과 슬픔으로 혹독한 아픔을 겪도록 만들고 과거의 환상에서 벗어나지 못하게 만든다.

성경 속 인물은 완벽한 사람이 아니라 과거 죄의식을 극복한 사람이다.

성경 속의 몇몇 위대한 영웅들도 과거에 갇혀 버렸다면 목적을 이루는 여정 가운데 쉽게 길을 잃고 헤맬 수 있었다는 점을 알 때마다 나는 용기를 얻었다.

  바울과 모세를 예로 들어보자.
  신약 성경의 2/3를 저술한 바울이지만 그가 예수님을 영접하기 전에는 매우 극악무도한 행위를 저질렀던 사람이다. 예수님을 만나기 전에는 교회에 쳐들어가 모든 것을 부서뜨리고 성도들을 핍박했다.

   "사울이 교회를 잔멸할 쌔 각 집에 들어가 남녀를 끌어다가 옥에 넘기니라"(행 8:3)

   "내가 이전에 유대교에 있을 때에 행한 일을 너희가 들었거니와 하나님의 교회를 심히 핍박하여 잔해하고"(갈 1:13)

  그는 후에 고백하기를 "예루살렘에서 이런 일을 행하여 대제사장들에게서 권세를 얻어 가지고 많은 성도를 옥에 가두며 또 죽일 때에 내가 가편 투표를 하였고"(행 26:10)라고 하였다.
  그리스도를 주라 시인하고 이방인의 위대한 사도였던 바울도 한때는 "또 모든 회당에서 여러 번 형벌하여 강제로 모독하는 말을 하게 하고 저희를 대하여 심히 격분하여 외국 성까지도 가서 핍박하였고"(행 26:11)라고 고백했던 것처럼 성도들을 핍박하는 자였다.

뿐만 아니라 위대한 인도자이자 리더, 입법자, 그리고 이스라엘의 예언자였던 모세에게도 과거가 있었다.

그가 40세쯤 되던 해에 그는 한 이스라엘인이 애굽 사람에게 맞고 있는 광경을 목격하게 되었다. 그때 그는 이미 바로의 딸의 아들이라 불리지 않겠다고 마음먹고, 노예생활을 하고 있던 하나님의 백성과 자신을 동일시하던 상태였다. 그는 아무도 보는 이가 없다고 생각하여 그 애굽 사람을 무참히 살해하였고 그 시신을 모래 속에 묻었다.

그리고 바로 다음날, 두 히브리 사람 사이에서 그는 중재자처럼 행동하려고 시도했었지만, 자신이 살인을 저질렀다는 사실이 밝혀졌음을 금새 자각하게 되었다. 그는 재빨리 미디안으로 도망쳐 그곳에서 40년 동안 망명자로 살았다.

미래에 세상을 뒤흔들어 놓았던 이 두 사람이 저지른 죄 위에 내려 앉은 죄책감은 실로 어마어마했을 것이다. 그것은 그들 각자에게 만만치 않은 싸움을 하도록 만들었음에 틀림없다. 의심의 여지없이 악한 비난자들은 그들 마음 속에 비수 같은 정죄의 화살을 쏘았을 것이다.

악마devil라는 이름은 그리스어인 diabolos에서 유래되었다. 이 단어의 접두사인 dia는 '관통하여' 라는 의미를 지니며, bolos는 '던지다' 라는 의미이다. 이 두 단어를 한 데 묶어보면, 악마는 관통하여 찌르려는 의도에서 강력한 비난을 퍼붓는 한 존재라는 것을 알 수 있다.

악마는 바로 다음과 같은 메시지를 담고 있는 불같은 창을 우리에게 던지는 것이다.

"너는 만족스럽지 못한 존재야. 네가 이 일을 하지 않았더라면, 그곳에 가지 않았더라면, 그 말만 하지 않았더라면 하나님이 너를 사용하셨을 텐데 말이지. 이제는 너무 늦어버렸다구. 넌 이제 끝장난 거야! 하나님은 더이상 널 사용하실 수가 없어."

이것이 바로 정죄하는 악마의 전형적인 행태이다.

모세와 바울은 이런 악마의 속삭임, 과거의 죄의식에서 벗어나 그것을 극복하였기에 하나님의 위대한 종으로서 사용되었던 것이다.

나를 과거에서 건져낸 하나님의 부르심 ▌

당신은 바울이나 모세처럼 위대한 하나님의 사람, 명예의 전당에나 이름이 오를 법한 사람들의 삶은 우리와는 다를 것이라고 생각할지도 모르겠다. 어떤 특별한 신의 섭리 안에 있는 그들은 어깨 위에 놓인 과거의 결과들을 모두 이기고 부르심에 합당한 삶을 살 수 있도록 인도받았으리라고 생각할지도 모른다. 그러나 결코 그렇지 않다.

그것을 증명하기 위해 나는 당신에게 나의 개인적인 경험을 이야기 하고자 한다. 그래서 바로 당신과 같은 '보통 사람들'의 관점에서 나오는 이야기를 함께하고자 한다.

'예수 운동'이라는 꼬리표를 달고 있던 운동이 한참 진행되던 어느 날 밤, 나는 막 출석하기 시작했던 교회의 성경공부 모임이 열리던 집으로 가서 모임에 참석하고 있었다. 그때 나는 18세였으며 히피족 유행에서 이제 막 빠져나온 신참내기였다.

　그때보다 약 2년 전, 내가 약물 남용 때문에 소년원에서 지내고 있을 때 예수님께서 나의 마음을 어루만지셨다. 예수님은 나에게 너무나 진실하게 다가오셨고, 나는 그분을 매우 사랑하게 되었다.

　이 일은 한 목사님께서 나를 가르쳐 주실 때 일어났다. 목사님이 아가서의 구절들을 읽어 주셨는데, 나는 그 순간 그 말씀들이 날개를 달고 내 마음으로 곧장 날아 들어와 불타는 숯을 얹어주는 듯한 느낌을 받았다.

　그리고 그 즉시 하나님의 말씀을 말하고 싶다는 설명하기 힘든 욕구를 느끼게 되었다. 나는 이 느낌을 단지 '선포하고 싶은 긴박한 욕구'라고밖에 설명하지 못하겠다. 그것은 정말 믿기 힘든 일이었다.

　시간이 흐를수록 이 욕구는 점점 자라만 갔고, 비록 내가 과거에 문제가 많은 아이였고 남 앞에 나서지 못하는 사람이었지만 그런 것은 상관없었다. 그 무엇도 더이상 나의 욕구를 잠재울 수는 없었다.

　하나님은 나의 마음을 변화시키시는 초월적인 능력이 있으신 분이시다. 그의 부르심은 종종 초자연적인 욕구의 형태로 드러난다.

　당신의 부르심을 발견하는 일은 어렵지 않다. 당신이 정말로 하고자 하는 일은 무엇인가? 무엇이 당신을 움직이게 만들고 당신의 영혼에 충만함을 가져다 주는가? 당신을 움직이게 만드는 욕구가 성경과 일치한다면 당신은 하나님께서 당신을 통해 이루시려는 일이 무엇인지 쉽게 발견할 수 있을 것이다.

이스라엘 백성을 애굽의 속박에서 구원하도록 하나님께서 모세를 부르시던 날 모세가 보았던 떨기나무 불꽃에 당신의 마음을 견주어 볼 수 있다.

> "여호와의 사자가 떨기나무 불꽃 가운데서 그에게 나타나시니라 그가 보니 떨기나무에 불이 붙었으나 사라지지 아니하는지라"
> (출 3:2)

덤불은 타고 있었으나 그 불은 모든 사람의 마음을 변화시키는 하나님의 초자연적인 임재를 나타내는 성령의 불이었기에 그 덤불을 파괴시키지 않았다.

하나님은 떨기나무 불꽃 가운데 모세에게 나타나셨고, 그에게 사명을 주셨다. 이것은 내가 그 성경 공부에서 경험했던 것이다.

이 어루만지심을 경험한 모든 사람은 하나님께서 명하신 일이면 무엇이든지 하고 싶은 압도적인 욕구에 사로잡히게 된다.

이는 예수님도 분명히 경험하셨는데, 성경에는 "… 주의 전을 사모하는 열심이 나를 삼키리라"(요 2:17)고 언급되어 있다.

이와 비슷하게 선지자 예레미야 또한 피할 수 없는 한 욕구에 사로잡힌 사람이었다.

> "내가 다시는 여호와를 선포하지 아니하며 그 이름으로 말하지 아
> 니하리라 하면 나의 중심이 불붙는 것 같아서 골수에 사무치니 답
> 답하여 견딜 수 없나이다"(렘 20:9)

지금 나의 과거를 뒤돌아보면 내 안에 생긴 그 새로운 욕구가 초자
연적인 것이어야만 했던 또 다른 이유가 있었다. 나는 청중 앞에 나
서서 무언가를 말할만한 사람이 못 되었다. 나는 심각한 무대 공포증
에 시달리고 있었기 때문이다.

이 증세는 6학년이었을 때 했던 한 연극에서 시작되었다. 그것은
일종의 특활 활동이었는데, 우리는 책상을 이리저리 옮겨서 더 넓은
공간을 만든 다음, 그 속에서 각자 맡은 역할을 했다.

나는 마분지로 만든 갑주를 입고 강당에서 교실로 걸어 들어와야
했다. 큐 사인이 나자마자 나는 덜커덩거리는 소리를 내면서 입장하
여 그 자리에 멈추어 섰는데 그 순간, 머릿속이 완전히 백지장이 되
는 것처럼 멍해졌다. 내 마음은 그저 텅 빈 화면 같았고 너무도 당황
해서 얼굴이 달아올랐다.

반 친구들은 킬킬거리며 웃더니 나중에는 아예 대놓고 소리 내어
웃었다. 마음씨 좋았던 선생님은 나를 교실에서 나오도록 해주셨다.
내가 덜커덩 소리를 내면서 다시 강당으로 나갔을 때, 내 마음 속에
서 네온사인처럼 다음의 문구가 계속 깜박거렸다.

"넌 사람들 앞에서 뭘 할 사람이 못 돼."

이 말은 내 마음 속에 뿌려진 씨가 되었고, 불행하게도 이후의 경험들은 이 신념을 더욱 강화시켜줄 뿐이었다.

크리스마스 모임, 생일 파티 또는 다른 여러 사회적인 모임에서 무언가를 말해야 할 때마다 내 아랫입술은 부르르 떨렸고, 머리는 멍해지면서 아무 생각도 나지 않았고, 얼굴은 당황스러워서 붉게 달아오르는 것이었다. 그리고 그때마다 작은 목소리 하나가 그 오래된 주문을 내 속에서 반복했다.

"넌 사람들 앞에서 뭘 할 사람이 못 돼."

이렇게 깊이 뿌리박힌 불확신에도 불구하고, 하나님께서는 내 마음 속에 새로운 일을 시작하셨음을 증명해 보이셨다.

그분의 말씀을 선포해야 한다는 욕구가 점점 자라나고 그것을 피할 수 없게 되자 나는 말할 기회를 놓고 기도하기 시작했다.

그 당시 나는 여전히 머리를 어깨까지 늘어뜨리고, 180이 넘는 키에 몸무게가 50kg 정도밖에 안되는 마른 체구였으며, 소년원에서 나온 지 몇 년이 채 되지 않았던 부족한 사람이었다.

나는 전 세계적으로 설교할 가능성이 가장 적은 사람이라고 해도 과언이 아닐 정도로 부족함 투성이었다. 하지만 여전히 내 안에 있는 깊은 갈망은 나를 가만히 내버려 두지 않았다.

사실상 내가 기도하면 기도할수록 상황은 더 악화되어 갔다.

그러던 어느 날, 우리 교회의 목사님께서 나에게 기회를 제공해 주셨다.

"제프야, 내 친구한테 전화를 한 통 받았는데, 이번 주 주일에 초청 강연자가 필요하다고 하는구나. 그런데 네가 가장 먼저 떠오르던데 할 수 있겠지?"

그 말씀을 듣자마자 나는 덜컥 겁이 났다.

"제가요? 세상에! 잘 모르겠어요. 글쎄요. 제가 그 자리를 위해서 준비되었는지 모르겠어요."

나는 중얼거렸고, 내 마음은 두려움에 요동치고 있었다.

"제프, 네가 할 거라고 이미 그분께 말씀드렸단다. 이 모든 것이 하나님께서 하시는 일이라고 믿길 바란다."

그는 강렬한 눈초리로 말씀하셨다. 나는 자신이 없었지만 나도 모르게 "알겠어요. 기도해 볼게요"라고 대답했다.

목사님의 사무실을 걸어 나오면서 마치 무덤에서 해골이 기어 나오듯이 나의 과거가 되살아났다.

'넌 아마 맥없이 털썩 주저앉을 걸?'

작은 목소리 하나가 말하고 있었다.

'거기 있는 사람들이 도대체 너 같은 사람을 왜 불렀나 하고 생각할 거야. 그들은 곧 후회하게 될게다. 네가 사람들 앞에 서 있던 그 모든 순간에 일어났던 일들을 기억해 보라구!'

난 몸이 아파오기 시작했다. 먹지도 못했고, 잘 수도 없었으며, 그 어떤 것에도 집중할 수가 없었다. 하나님의 말씀을 선포하라는 부르심이 과거에 사람들 앞에서 당했던 창피의 기억을 끄집어 내고 있는 것을 느꼈다.

나는 두 번이나 목사님께 그 자리에 가지 않겠다고 말씀드렸지만, 그때마다 목사님께서는 이미 너무 늦었다고 하시면서 가야한다고 말씀하셨다. 그리고 내가 잘 해낼 것이라고 용기를 주셨다.

과거의 나쁜 기억은 우리를 과거 속에서 벗어나지 못하게 한다. 부정적인 경험은 우리를 주물럭거리는 손이 될 수도 있고, 우리가 장차 어떤 사람이 되는지 예언하는 목소리가 될 수도 있다.

6학년 때 연극을 실패한 기억은 그 후 몇 년이 지나는 동안에도 사라지지 않았다. 나는 점점 더 수줍음을 많이 탔고, 혼자 은둔하려고 했으며, 자신감을 깡그리 상실하고 있었다.

나의 과거는 그 무시무시한 말들과 함께 내 마음 속에 여러 생각들을 쏟아 부으면서 하나님께서 내게 말씀하시는 것을 받아들이지 못하게 만들었다.

하나님께서는 "일어나라. 담대하라. 내가 나의 말을 너의 입 가운데 두었노라!"고 말씀하고 계셨다.

이 말씀은 내게 사사기 6장에 등장하는 기드온을 생각나게 한다. 하나님께서는 미디안 족속의 손에서 이스라엘 백성을 구출하라고 기드온을 부르셨다.

하나님의 천사가 기드온에게 갑자기 나타나서 "큰 용사여 여호와께서 너와 함께 계시도다"(삿 6:12)라고 말씀하셨다.

기드온은 깜짝 놀랐다. 그는 과거가 그에게 가르쳐 준 점들에 기초하여 "주여 내가 무엇으로 이스라엘을 구원하리이까 보소서 나의 집은 므낫세 중에 극히 약하고 나는 내 아비 집에서 제일 작은 자니이다"(삿 6:15)라고 대답하였다.

기드온의 과거가 극히 약하고 제일 작은 자라고 그에게 낙인을 찍었던 그때에, 하나님께서는 그를 부르신 것이다. 이때 기드온은 하나님의 부르심에 순종하고 나아갔다.

과거의 나쁜 기억은 우리를 과거 속에서 벗어나지 못하게 한다. 부정적인 경험은 우리를 주물럭거리는 손이 될 수도 있고, 우리가 장차 어떤 사람이 되는지 예언하는 목소리가 될 수도 있다.

기드온처럼 나는 둘 중의 하나를 선택해야 했다.

과거에 머물러 살면서 내가 살아가는 데 밑받침이 되는 여러 조건들을 과거가 지배하도록 내버려 두든가 아니면 과거에서 빠져나와 하나님께서 나에게 하고 계신 말씀을 믿고 따르든가 두 갈래의 길 앞에 서 있었다.

사탄은 나에게 과거의 실패라는 미끼를 던지고 있었다. 그리고 그것을 물기만을 기다리고 있었다. 내가 극히 약한 자요 제일 작은 자(다른 사람들 앞에 설 만한 인물이 못 된다)라고 하는 생각 뒤에는 아주 오래된 사악한 '어부'가 던진 눈에 보이지 않는 낚싯줄이 있었다. 미끼를 달고 나를 패배의 배로 끌어올리려고 기다리고 있었던 것이다.

이제는 그 모든 것이 확실히 선명하게 보인다. 나는 그때 나의 부르심을 발견하는 지점에 다다르고 있었고, 사탄은 그것을 막으려고 갖가지 수를 다 쓰고 있었던 것이다.

나는 내 속에서 요동치는 모든 소리를 억누르고, 주일에 초청된 자리에 나아가 말씀을 전했다. 그러고 나서 그 주 내내 내가 도대체 어떻게 메시지를 준비하고 강단 앞에 서서 성도들에게 말씀을 전했는지 아무 생각도 나지 않았다. 내 자신이 어떻게 그 자리에 서 있었는지, 사람들과 어떻게 눈을 마주쳤는지, 그리고 공공 연설에 필요한 다른 모든 적절한 제스처나 기타의 것들을 어떻게 해냈는지 아무 생각도 나지 않았다.

그곳의 동료 목사님께서 나를 소개해 주셨을 때, 나는 청바지 위에 내가 구할 수 있는 가장 좋은 셔츠를 입고 긴 머리를 뒤에서 하나로 묶은 모습으로 강단 앞에 섰다. 부족한 모습이었지만 기도하는 가운데 하나님께 메시지를 받았고, 찾아야 할 말씀이 떠올랐으며, 그 말씀이 어떤 의미를 담고 있는지 그곳에 모인 회중 앞에 서서 선포해야겠다는 확실한 마음이 들었다.

그날 예배는 이제 내 머릿속에서 흐릿해졌다. 기억하기로 나는 약 15분 정도 설교를 했는데 누군가 다른 사람이 말하고 있는 것을 바라보는 듯한 이상한 느낌을 경험했다. 난 내 목소리를 들었지만 그게 정말 내 목소리라는 사실을 믿을 수 없었다.

그리고 말씀을 정리할 때쯤 나는 사람들을 구원의 자리에 초청했다. 몇몇 사람들이 그 초청에 응했고 그리스도께 마음을 드렸다. 모든 일이 잘 마무리되었고 그 자리에서 내려올 때쯤 내 속에 있던 벽 하나가 무너지고 있었다.

그것은 마치 베를린 장벽이 헐리면서 공산주의의 전제 정치에서 수천 명의 사람들이 풀려나는 듯한 느낌이었다. 내 속에 있던 '벽'은 먼 과거에서부터 쌓여 온 거짓말들이었다. 내가 사람들 앞에 설 수 없는 사람이라는 신념, 그리고 나는 너무 수줍음을 많이 타서 군중 앞에 설 수 없으리라는 믿음이 새롭게 발견한 담대함으로 대체되기 시작했다.

과거의 실패라는 사탄의 '사슬'은 더이상 내 속에서 나를 죌 수 없었다. 비록 과거에는 숱하게 나를 죄었던 것들이었지만 말이다.

그리고 바로 그날, 나는 과거의 그늘에서 빠져나와 완전히 새로운 미래의 광명으로 발을 디디게 되었다. 사탄이 그토록 애를 쓰며 내가 찾지 못하도록 만들려고 했던 날이었다.

우리는 적들이 매우 효과적으로 여기저기 놓아둔 덫에서 구출되어 하나님께서 우리의 미래를 위해 준비하신 말씀을 붙잡아야 한다.

> "묵시가 없으면 백성이 방자히 행하거니와 율법을 지키는 자는 복이 있느니라"(잠 29:18)

뒤를 돌아보며 초점을 맞추면 항상 좌절하게 마련이고 우리의 잠재력을 낭비하게 되며 공허함만 남을 뿐이다. 하지만 앞을 바라보며 미래에 초점을 맞춘다면 우리는 원대한 꿈을 안고 나아가 승리와 성공의 길로 걸어갈 수 있을 것이다.

당신이 과거의 시간에서 나오지 못하고 꾸물거릴수록 당신의 내일은 그만큼 박탈당한다는 사실을 기억하라.

새롭고 신선한 미래를 발견하지 못하게 하면서 우리를 낡고 곰팡이 냄새 나는 과거에 계속 마음 쏟게 만드는 그 첫번째 사슬에 대해 생각해 보자.

1. 과거를 회상하는 일은 때로 건강하고 유익하다. 당신은 '기념 의 돌'이라는 기억 증표를 만들어 하나님께서 과거에 베푸신 은혜를 기억한 적이 있는가? 당신 마음 속에 떠오르는 몇 가 지 '기념의 돌'들을 기록해 보라.

2. 과거를 기억하는 것은 무의미하고 내일을 약탈하는 것이다. 사탄은 당신을 과거의 사슬로 묶어둠으로 내일로 향하지 못 하도록 한다. 사탄이 당신을 묶어두고 있는 사슬은 어떤 것인 가? 그것은 얼마나 지속되었는가? 그것을 끊기 위해 당신은 어떻게 하였는가?

2 당신이 더 오래 남아 있을수록

그러나 롯이 지체하매 그 사람들이 롯의 손과 그 아내의 손과
두 딸의 손을 잡아 인도하여 성밖에 두니(창19:16)

어떤 사람들은 너무 먼 과거에 머물러 있어서,
미래에 미처 가보기도 전에 사라지고 만다.   _ 작자 미상

머뭇거리지 말고 나아오라

찌는 듯이 더운 중동 지역의 지평선을 넘어 아침 해가 살며시 고개를 들 때쯤, 두려움에 떨고 있던 네 명의 가족은 소돔이라 불리는 죄악된 도시를 떠났다. 롯이라 하는 남자와 그의 아내, 그리고 그들의 두 딸에게 두 명의 천사가 나타나 주의 심판의 불이 떨어지기 전에 서둘러 그곳을 떠나라고 재촉했다.

"도망하여 생명을 보존하라!"(창 19:17)

일촉즉발의 심판의 때가 곧 다가오려 하고 있었다. 소돔과 고모라가 저지른 죄가 더이상 돌이킬 수 없는 지경에 이르렀기 때문이었다.

몇 분이 지나자, 한때 찬란했던 미와 상업의 도시들이 연기를 일으키며 폐허로 변했고, 이는 하나님께서 망령되이 일컬음을 받지 않으신다는 사실을 상기시켜 주는 엄한 교훈이 되었다.

그리고 하늘에서 온 사자가 침울해 하고 있는 그 가족에게 "뒤를 돌아보거나 들에 머무르거나 하지 말고 산으로 도망하여 멸망함을 면하라"고 마지막 명령을 전해 주었다.

그러나 비극적이게도 롯의 아내는 뒤를 돌아보지 말라는 명령을 지키지 않았다. 심판의 불이 그 도시를 뒤덮을 때 그녀는 빼앗긴 도시를 흘끔 바라보았던 것이다.

이에 롯의 아내는 뒤를 돌아본 고로 소금기둥이 되었다. 악몽과도 같은 그 짧은 순간에 롯의 아내는 무시무시한 소금기둥이 되었고, 하

나님께서 저주를 내리신 그곳을 향하여 뒤돌아보는 모습으로 영원히
남게 되었다.

그녀의 비극은 단지 호기심 때문에 일어난 것이 아니었다. 운명을
바꿔놓은 그 뒤돌아보는 행위는 그녀의 삶의 초점이 어디에 있었는
지를 보여 주고 있다.

소돔을 빠져나오도록 하나님께서 그녀를 인도하셨음에도 그 저주
받은 도시를 잊지 못하고 있었다. 롯의 아내는 앞으로 일어날 일보다
이미 일어난 일들에 초점을 맞추고 있었다.

롯의 이야기는 우리에게도 좋은 교훈이 된다. 뒤를 돌아보는 행동
은 하나님께서 허락하시는 새로운 삶을 수용할 수 없도록 우리를 마
비시킨다.

롯도 마찬가지이다. 빨리 그 성을 빠져 나와야 할텐데 자꾸 그곳에
서 지체하고 있었다.

> "롯이 지체하매 그 사람들이 롯의 손과 그 아내의 손과 두 딸의 손
> 을 잡아 …"(창 19:16)

같은 자리에 계속 서성거림으로써 롯은 그의 가족들을 파괴의 언
저리에 붙들고 있었다. 과거를 향한 그의 애정은 하나님께서 새롭게
보여 주시는 방향에 대항하는 치명적인 힘이다.

그 성을 빠져 나오지 못하고 머뭇거리고 있는 그의 가족을 그 도시
에서 끌어내려고 하늘에서 내려온 천사들이 두 손을 잡아 끌어낸 것

은 자비로운 하나님의 은혜이다.

하나님께서 죽은 것이라고 여기시는 과거에 우리가 더 오래 서성거릴수록, 오래 머물수록 우리는 조각상처럼 마비돼버릴 가능성이 높다. 그리고 과거를 등지는 것은 더욱 어려워진다.

어제라는 사막에 갇혀 있을 때 우리는 목표를 향해 전진해 나갈 수 없다. 전진해야 함을 알 때에도 예전 거기에서 서성거리는 경향은 누구에게서나 나타난다.

지난 날 롯에게 행하셨듯이 하나님께서는 나를 새로운 목적지로 향하도록 인도하시기 위해서 자비로 '꽉 잡아' 주시고 이끌어 주신다.

하나님께서 당장 벗어나라고 이르신 그 장소가 그리 충족적이지도 않고 어쩌면 고통스럽고 파괴적이기까지 한데도 우리는 왜 롯처럼 계속 서성거리고 롯의 아내처럼 뒤 돌아 보는 것일까?

적이 우리를 대항해서 너무나도 능숙하게 사용하는 여섯 가지 사슬을 기억하라.

본 장에서는 그 첫번째 사슬(사물 또는 사람에 대한 무절제한 감정적 애착)을 검증해 보고자 한다.

그리스도인의 삶에서 한 가지 중요한 현실이 있다. 그것은 바로 우리를 과거에 지나치게 몰두하게 만드는 고통과 애착, 그리고 변덕스러운 갈망에 대해 하나님께서는 "일어나 이곳을 떠나라"고 말씀하신

롯의 아내는 앞으로 일어날 일보다 이미 일어난 일들에 초점을 맞추고 있었다. 뒤를 돌아보는 행동은 하나님께서 허락하시는 새로운 삶을 수용할 수 없도록 우리를 마비시킨다.

다는 것이다.

이 말씀을 통해 하나님께서 진실로 이르시는 것은 다음과 같다.

"내가 너의 삶에 새로운 변화를 불러오리니 이제 앞으로 나아가라. 나는 이 일을 놓고 너에게 동의를 얻지 않을 것이며 필히 행할 것이다!"

우리가 꼭 붙들고 있는 것들 가운데 몇몇은 우리를 잘못 인도할 수도 있다. 즉 우리가 기대하는 바대로 그 대상들이 움직여 주지 않는다는 것이다. 이러한 애착을 제거하고 우리에게 다른 것들을 제시해 줄 수 있는 힘은 오직 하나님의 자비로운 손이다.

과거의 애착은 사탄의 술수

나는 한때 유명한 책 한 권을 읽고 라스칼Rascal이라 이름 지은 너구리 한 마리를 집에서 기른 적이 있다.

당신이 너구리에 관해서 좀 안다면 그들이 빛나는 물건이면 무엇이든지 일단 모으고 보는 습성이 있다는 사실을 잘 알 것이다. 동전, 은팔찌, 콜라 캔 뚜껑 등 빛나는 것이면 무엇이든지 일단 손에 쥐고 그것을 보이지 않는 장소에 숨겨 둔다. 또한 그들은 음식은 뭐든지 먹기 전에 일단 씻는다. 고기 한 덩어리를 얻으면 그 귀엽고 작은 손으로 그것을 집어 들고는 물이 담긴 그릇에 담가 자신이 만족할 만큼 깨끗해질 때까지 물장구를 치면서 앞뒤로 씻는다.

어느 날, 나는 장난을 치려는 속셈으로 라스칼에게 각설탕 하나를 주었다. 늘 그랬듯이 그는 물이 담긴 조그만 그릇에 그 각설탕을 가지고 가서 손에 놓고 싹싹 문질렀다. 그 후에 어떤 일이 일어났는지는 당신도 잘 알 수 있을 것이다.

각설탕이 온데간데 없이 사라져 버리자 그는 깜짝 놀랐다. 그리고 물 속에 녹아버린 각설탕이 더이상 쓸모없게 됐음을 보고 오랫동안 찍찍 울었다.

우리의 원수는 우리에게 '각설탕'을 주는 일에 아주 능숙하다. 우리 생각으로는 우리가 무언가 가치있는 것을 가진 듯하지만 나중에 알고 보면 그것은 결국 손가락 사이로 빠져나가 버리고 만다.

우리는 온힘을 다해서 그것을 찾으려 하지만, 시간이 흘러가면서 우리는 그것이 부질없는 짓이었음을 알게 된다. 처음에 그것은 옳은 듯 보였고 또한 그렇게 느껴지지만 알고 보면 그 속에 담긴 것이라고는 아무것도 없다.

이것은 하나님께서 베푸시는 축복과 매우 상이하다.

잠언 10장 22절에 "여호와께서 복을 주시므로 사람으로 부하게 하시고 근심을 겸하여 주지 아니하시느니라"고 말씀하셨다. 주께서 허락하시는 축복은 실체가 있고 공허하지 않은 반면, 사탄은 속 빈 약속을 만들어 내는 데 선수이다.

그렇다고 해서 우리가 소망을 품는 모든 일이 다 착각이라는 의미는 아니다. 마음에 둔 사람, 직업, 그리고 굉장히 좋아하는 취미 등 우리가 애착을 갖는 많은 것들이 실제로 우리에게 충족감과 기쁨을 가져다준다.

하나님께서 우리 삶에 주시는 몇몇 관계들은 매우 현실적이고 유익하다. 중요한 것은 어떤 것에 애착을 쏟아야 하고 어떤 것은 놓아 버려야 하는지를 구분하는 일이다.

하지만 지금 이 순간에도 우리는 하나님의 뜻 밖에서 서성거리면서, 결국 우리를 향한 그분의 목적을 방해할 수 있는 있는 애착 대상들에 초점을 맞추고 있다. 그래서 우리는 이를 과도하다 또는 지나치다 등의 의미로 간주하여 무절제하다고 부르는 것이다.

무절제한 애착은 우리를 과거에 묶어둘 수 있고, 롯의 아내처럼 우리를 위험과 파괴로 몰고 간다.

예수님께서는 소돔과 고모라 이야기를 언급하시면서 "롯의 처를 생각하라"(눅 17:32)고 말씀하시며 우리에게 용기를 북돋워 주셨다. 왜 그러셨을까? 그것은 바로 하나님께 순종하는 그녀의 능력이 무절제한 애착 때문에 파괴되었기 때문이다.

롯의 아내에 관한 말씀을 하시기 바로 전에 예수님께서는 자신을 따르는 자들에게 재림 이야기를 하시면서 소돔과 고모라의 생생한 파괴의 날을 비유로 드셨다.

"또 롯의 때와 같으리니 사람들이 먹고 마시고 사고 팔고 심고 집을

짓더니 롯이 소돔에서 나가던 날에 하늘로서 불
과 유황이 비 오듯 하여 저희를 멸하였느니라"
(눅 17:28~29)

어떤 그림인지 상상이 되는가? 갑작스런 심판의
날이 다가올 때, 그 두 도시 안에 살던 사람들의 삶은 평소와 다름이
없었다. 예수님께서는 자신의 재림도 이와 같을 것이라고 말씀하셨
다. 아무 일 없이 삶이 유유히 진행되고 있던 때에 갑작스럽고도 예기
치 않게 그분은 나타나실 것이다.

그리고 예수님께서는 계속해서 "그날에 만일 사람이 지붕 위에 있
고 그 세간이 집 안에 있으면 그것을 가지러 내려오지 말 것이요 밭
에 있는 자도 이와 같이 뒤로 돌이키지 말 것이니라"(눅 17:31)고 말씀
하셨다.

달리 말해서 우리는 우리의 소유물들을 살며시 붙드는 방법을 배
워야만 한다. 그리스도께 당신을 완전히 헌신하는 데 있어서 다른 것
에 대한 지나친 애착 때문에 가로막히는 일이 있어서는 안된다.

《매튜 헨리의 주석》(Zondervan, 1999)에서 이 위대한 학자는 다음
과 같이 기록하였다.

"그들이 뒤를 돌아보지 못하도록 하라. 그렇지 않으면 다시 뒤돌아
가고픈 유혹이 들 테니 말이다. … 이는 그들의 마음이 아직 뒤에 남
아 있다는 사실을 보여 주는 하나의 증거라고 할 수 있다."

재림의 날을 준비하라는 예수님의 경고는 우리의 매일매일의 삶에

있어서 꼭 기억해야 할 말씀이다. 예수님을 따르지 못하게 하는 과거의 애착에 붙들려 살도록 우리 자신을 내버려 둘 수는 없다. 이것은 약삭빠른 사탄의 술수다.

우리를 과거에 매어두는 실체는 고통이 아니다. 우리 눈에 좋아 보여서 잃고 싶지 않은 것들이 바로 우리를 계속 과거에 머무르게 한다.

잠언 기자는 "무릇 지킬만한 것보다 더욱 네 마음을 지키라 생명의 근원이 이에서 남이니라"(잠 4:23)고 경고하였다.

끊임없이 뒤를 돌아보는 사람들은 앞으로 나아가지 못한다. 서성거린다는 것은 새로운 비전을 바라보지 못한다는 확실한 증거이다.

현재의 시점에서 바라보았을 때 과거에 있었던 일이 당신에게 있어서 가장 좋았던 때라고 여겨지는가? 내가 장담컨대 하나님께서는 당신을 위해 더 좋은 계획을 세워두셨다.

롯의 아내는 소돔과 거기에 얽힌 기억들에 꽉 붙들려 있었기 때문에 하나님의 새로운 이끄심을 받아들이지 못했다. 자신의 욕망의 대상이 있는 '뒤를 돌아보는' 데 지나치게 많은 시간을 쏟는 사람은 누구든지 그저 예전 모습을 간직한 채로 서 있는 '소금기둥' 형상일 뿐이다.

우리가 '뒤를 돌아보고' 있다면 하나님께서 우리를 새로운 축복의 시간으로 이끄실 수가 없다는 것을 기억하라.

무절제한 애착에 끌려 다니지 않도록 ▌

어느 날, 아내 케이시는 아들 제레미를 학교에까지 태워다 주던 길에 가속 페달에서 발을 뗄 때마다 차가 더 빨리 앞으로 나가고 있음을 알아챘다. 발을 떼면 차가 더 천천히 가야함에도 그 차는 오히려 더 빨리 가기만 했던 것이다. 케이시가 학교 주차장에 차를 대고 제레미를 내려주려고 할 때쯤, 엔진은 거세게 공전하고 있었다.

가까스로 차를 길가 뒤편에 세우려고 할 때, 그녀는 마치 무슨 유령이 가속 페달을 밟아대면서 자신을 무기력하게 만들고 있는 듯한 느낌을 받았다. 마치 그 자동차가 마음이 있는 생물체라도 되는 것 같았다.

끽 소리를 내며 코너를 돌아 도로변으로 차를 몰았을 때, 케이시는 그제야 주차장의 빈자리에 차를 세울 수 있었고, 서둘러 그 유령차를 주차시킨 뒤 엔진을 끄고 빠져나왔다.

얼마 되지 않아 한 친구가 도착하여 자동차 후드를 열어보더니 "세상에! 이랬으니 당연히 제대로 움직일 리가 없지!"라며 소리를 질렀다. 엔진 속 공기 필터 바로 밑에는 완벽하게 지어진 숲쥐의 보금자리가 있었고 그 속에는 개 사료가 꽉 차 있었던 것이다.

이 소식을 듣자마자 내가 예전에 식구들에게 했던 말들이 생각났다. 어느 날 밤 우리가 기르던 개가 평소보다 빠른 속도로 자기 밥을 먹고 있다는 사실을 알게 되었다. 알고 보니 조그만 숲쥐 한 마리가 곧 다가올 겨울을 대비하여 매번 개 사료의 일부를 차고에 옮겨다 놓았고, 자동차 바퀴 위와 따뜻한 엔진 속으로 그 먹이를 가져다둔 것이었다. 그것이 액셀레이터를 딱 붙게 만든 것이었다.

미스테리는 모두 풀렸다. 추적할 수 없는 한 침입자가 우리 삶에 무질서와 혼란을 불러왔던 것이다. 무절제한 애착이 우리에게 작동하는 방식도 이와 일치한다.

과거의 일에 집착하고 그것이 최고의 시간이었던 것인양 그리워하면서 살아갈수록 적이 당신의 '영적' 엔진에 더 많은 개 사료를 쌓아뒀다고 생각하면 된다. 그래서 마침내 우리는 통제력을 잃고 비틀거리면서 무언가 달갑지 않은 힘에 '끌려 다니는' 기분 나쁜 느낌을 경험한다.

종국에 그 '쥐'는 바로 사탄이었고, 그가 우리를 혼란 속에 빠뜨리려고 무절제한 애착을 사용했다는 사실을 알게 된다.

하나님을 마음의 중심 무대에서 내려오시게 만드는 것은 무엇이든지 결국 무질서와 고통만을 초래한다. 그래서 예수님께서는 우리에게 하나님 나라 구하기를 우리 삶의 최우선으로 하라고 말씀하신 것이다.

> "너희는 먼저 그의 나라와 그의 의를 구하라 그리하면 이 모든 것을 너희에게 더하시리라"(마 6:33)

더이상 머물러야 할 이유는 없다 ▌

　　　　　　동전에는 앞면이 있는 반면 뒷면이 있듯이 과거의 언저리를 서성거리는 것이 언제나 부정적인 것만은 아니다. 어느 한 지점에 머무를 때 그에 합당한 이유가 있다면 도움이 될 수도 있다.

　인내와 끈기의 미덕은 성경에서도 높이 평가된다. 예수님께서는 누가복음 18장 1절에서 그의 말씀을 듣고 있던 사람들에게 "항상 기도하고 낙망치 말아야 될 것"을 말씀하셨다.

　그렇다면 어떤 기도제목을 놓고 '항상 기도해야' 하는 것일까? 내가 생각하기에 우리가 항상 기도해야 할 기도제목 가운데 하나는 어떤 돌파구가 생길 때까지 우리가 머무르고 '남아 있어야' 할 것들이다.

　이를테면 비틀거리는 결혼생활 또는 지금 당장 그만두고 나올 수만은 없는 직장 등이 그 예이다. 내 삶에서도 보면 내 몸은 정말로 떠나고 싶은데 하나님께서 나를 계속 한 장소에서 머물러 있도록 이끌어 주셨던 때가 참 많았다. 그러한 상황들 속에서 믿음으로 순종하면서 그곳에 남아 있으면 결국 하나님을 영광스럽게 하는 결과가 나왔다.

　사도 바울은 빌립보 교회 사람들에게 다음과 같이 말하였다.

　"이는 내게 사는 것이 그리스도니 죽는 것도 유익함이라 그러나 만일 육신으로 사는 이것이 내 일의 열매일찐대 무엇을 가릴는지

나는 알지 못하노라"(빌 1:21~22)

바울이 봉착한 딜레마가 무엇인지 알아챘는가? 그는 이 땅에서 살아남느니 차라리 그리스도와 함께 하늘로 가겠다고 말하고 있다. 그는 '양쪽에 모두 붙잡혀' 있다고 말하면서 그 짧은 문구 속에 자신이 처한 곤경을 묘사하고 있다.

바울은 어떠한 방법으로 자신의 갈등을 잠재웠을까? 그는 자기 자신의 필요를 채우기 보다는 다른 이들의 필요가 무엇인지에 초점을 맞추기로 했다.

> "그러나 내가 육신에 거하는 것이 너희를 위하여 더 유익하리라 내가 살 것과 너희 믿음의 진보와 기쁨을 위하여 너희 무리와 함께 거할 이것을 확실히 아노니"(빌 1:24~25)

바울은 다른 이들의 영적 성장을 견고히 하기 위하여 '남아 있기로' 결심했다. 그리고 그의 결심으로 말미암아 우리 모두가 지금 신앙의 삶을 살아가는 혜택을 입고 있다.

따라서 어딘가에 남아 있는 것의 문제는 하나님께 순종함으로써 믿음 안에서 남아 있거나 아니면 여섯 개의 사슬(무절제한 애착, 과거의 성공, 마음의 상처, 실패, 외상, 쓴 뿌리) 가운데 하나로 말미암아 하나님께 저항하는 것, 이 둘 중 하나로 요약된다.

우리가 바울과 같이 하나님을 영화롭게 하는 구원이라는 이유로 말미암아 한 상황 속에 남아 있다면 그것은 긍정적인 결정이다. 하지만 긍정적인 머무름조차도 우리가 허락하기에 따라 역기능적이고 자기파괴적이 될 수도 있다는 사실을 염두에 두길 바란다.

과거의 언저리를 서성거리는 것이 언제나 부정적인 것만은 아니다. 어느 한 지점에 머무를 때 그에 합당한 이유가 있다면 도움이 될 수도 있다.

　우리가 살다 보면 무언가 썩기 시작한 상황 속에 계속 남아 서성거리는 때가 있다. 그럴 때 우리는 그곳에 더이상 머물러 있어야 할 그 어떤 이유도 없다는 사실을 깨달아야 한다. 특히 하나님께서 "이제 그만 앞으로 나아오라!"고 말씀하실 때에는 더욱 그렇다.

떠나야 할 때 아름답게 떠나는 법 ▌

　　　　　　　한때 나는 매우 애착을 가졌던 선교 사업에 동참한 적이 있었다. 그 사업에 너무나 애착을 느낀 나머지 그것은 나의 '집 아닌 집'이 되어가고 있었다.

　그 특별한 장소에서 나는 찬양과 경배를 이끌었을 뿐 아니라 처음으로 성경을 가르치는 법을 배웠다. 내가 알고 지내던 좋은 친구들은 모두 거기에 있었다. 영적인 용어로 표현해 보자면 그때는 내 삶에 있어서 끊임없이 흘러넘치는 강과도 같은 시절이었다고 말할 수 있을 것이다.

모든 예배 때마다 하나님께서는 특별한 방법으로 내 영혼 속에서 역사하셨는데 그러던 어느 날, 나는 내 마음 깊은 곳에서 성령님께서 말씀하시는 고요하고도 조용한 음성을 듣게 되었다. 내가 설명하지 못할 그 무언가 불안한 것이 내 마음 속에서 점점 자라나고 있었다. 마치 하나님께서 내게 "이제 가야 할 시간이구나"하고 말씀하시는 듯 했다.

가라고? 나는 생각했다. 도대체 무슨 이유로 내가 이곳을 떠나야 하는 것일까?

나는 가고 싶지 않았는데 내 속에서 들리는 그 목소리는 계속 "가라"고 말하고 있었다. 나는 그 목소리를 외면했다.

하지만 난 곧 그 당시 하나님께 순종하지 않은 것을 후회했다. 뒤 돌아보면 그때야말로 잠언 기자가 했던 말에 귀 기울여야 할 때였던 것이다.

"너는 마음을 다하여 여호와를 의뢰하고 네 명철을 의지하지 말라"
(잠 3:5)

우리를 시시각각 곤경 속으로 빠뜨리는 주체는 바로 우리의 명철 이다. 모든 의도와 목적에서 어떤 것은 옳게 보이고 옳게 느껴지며 정말 옳은 것처럼 보인다. 하지만 하나님의 목적에서 바라보면 그렇 지 않다.

시간이 차차 흘러가면서 내가 발전시켜 왔던 관계들이 시들시들해

지기 시작했다. 지도자들이 바뀌면서 그에 따라 예배의 취지와 강조점도 모두 함께 변화되었다.

나사로의 경우에서와 같이 그 '송장(하나님께서 벌써부터 내게 떠나라고 말씀하셨던 옛 것들)' 은 썩기 시작했다.

마침내 떠나던 시점에서 나는 '좀더 일찍 순종했으면 좋았을텐데' 라며 매우 아쉬워해야만 했다. 만약 좀더 일찍 떠났다면 나의 떠남은 훨씬 더 긍정적인 모습이었을 것이다.

과거의 무언가에 무절제한 애착을 느낌으로써 지금 이 순간 그분께 순종하지 못한다면, 과거는 일종의 우상이 될 수도 있다. 이때 과거는 사람, 직업, 집, 또는 한 도시를 지칭한다. 때때로 과거는 단지 하나의 기억을 나타내는 것일 수도 있다.

나는 첫 목회를 텍사스의 한 가운데에서 시작하였다. 우리 가족은 경치 좋은 언덕 위에 있는 아름다운 4,800평 규모의 큰 땅에서 살았는데, 그곳은 사냥꾼들에게도 인기가 많았던 장소였다.

우리 아이들은 완벽한 '메이베리Mayberry(미 TV 프로그램을 위해 노스캐롤라이나에 가상으로 세웠던 소도시, 여유로운 삶의 방식과 생활환경을 의미함 – 역쥐)' 의 환경 속에서 자라났다. 그 시절은 더할 나위 없이 이상적인 때였다.

7년이 흐르자 그 시절에 내가 쏟은 감정적, 정서적 애착은 꽃을 피웠다. 나의 첫번째 목회사역은 그야말로 축복의 이정표였다. 우리가

과거의 무언가에 무절제한 애착을 느낌으로써 지금 이 순간 그분께 순종하지 못한다면, 과거는 일종의 우상이 될 수도 있다.

가꾸었던 관계들은 놀랄 만큼 훌륭했다. 우리의 상황은 너무도 이상적이어서 나는 여기서 목회하다가 은퇴해야지 하고 늘 생각했다.

그런데 하나님께서는 나의 상황을 흔들기 시작하셨다. 그분께서는 우리가 다른 특정 도시로 옮겨가기를 원하셨지만 나는 도무지 떠날 생각을 하지 않았다. 나는 강렬한 내적 전쟁을 치렀다. 내가 살던 그 곳을 떠나기 싫었기 때문이다.

거기에는 내게 소중한 추억들이 많았다. 지나치게 감상적인 그 곳에 대한 애착과 하나님의 뜻 사이에서 1년을 꼬박 씨름한 끝에, 결국 나는 하나님의 뜻에 따라 이사를 하게 되었다.

우리가 옮겨간 다음 교회에서는 수천 명의 사람들이 그리스도 앞에 나왔으며, 그 조그마한 시골 도시에서 우리의 상상을 넘어서는 엄청난 움직임이 일어났다.

그 경험을 통하여 나는 하나님께서 이미 떠나신 자리에 결코 남아 있지 않겠다고, 주님의 임재가 더이상 머물지 않는 곳에서 절대로 지체하지 않겠다고 다짐했다.

내가 져야 할 십자가는?

사람이나 사물에 쏟는 애정이 주님보다 더 우선시 될 때 그것은 우리의 우상이 될 수 있다. 우리를 놓지 않고 너무 꽉 쥐고 있는 그 애착의 대상에서 어떻게 빠져나올 수 있을까? 예수님께서 하시는 말씀을 주의 깊게 들어보자.

> "무리와 제자들을 불러 이르시되 아무든지 나를 따라 오려거든 자기를 부인하고 자기 십자가를 지고 나를 좇을 것이니라 누구든지 제 목숨을 구원코자 하면 잃을 것이요 누구든지 나와 복음을 위하여 제 목숨을 잃으면 구원하리라"(막 8:34~35)

예수님께서는 우리를 십자가의 길로 초대하신다. 사실상 예수님께서 말씀하신 십자가는 자기 스스로에게 이끌려 제멋대로 살아가고자 하는 욕망을 죽이라는 하나의 메시지를 던져준다.

십자가는 두 조각으로 이루어져 있고 그 가운데 하나는 가로로 놓여 있으며 또 다른 하나는 세로로 놓여 있다. 그 두 조각이 중간 지점에서 서로 '교차' 된다.

세로로 놓인 것은 하늘을 가리키고, 가로로 놓인 것은 이 세상을 가리킨다고 말할 수 있을 것이다. 나에게 이러한 사실은 십자가의 기능을 보여주는 아주 생생한 그림이다.

우리는 우리가 내리는 결정들의 연결 지점에서 이 십자가를 만난다. 그것이 중대한 결정이냐 아니냐는 상관없다. 그리고 우리는 어느 길로 갈 것인지를 결정해야만 한다. 우리 육체를 십자가에 못 박고 우리 마음을 하나님의 뜻 앞에 올려드릴 것인가? 아니면 십자가 지기를 거부하고 대신 우리 자신의 욕구를 따라가 세상의 뜻에 발맞출 것인가?

우리가 하늘의 것을 생각할 때 성령께서는 우리에게 십자가를 지워 주신다.

"너희가 육신대로 살면 반드시 죽을 것이로되 영으로써 몸의 행실을 죽이면 살리니"(롬 8:13)

성령께서는 우리가 육체의 행실을 죽임으로써 새로운 영의 삶을 살도록 인도해 주신다. 바울은 "나는 날마다 죽노라"(고전 15:31)고 고백하였다.

십자가의 이면에는 영원한 소망과 새로운 힘이 있다. 예수님께서는 이 점을 잘 아셨다.

"저는 그 앞에 있는 즐거움을 위하여 십자가를 참으사 부끄러움을 개의치 아니하시더니 하나님 보좌 우편에 앉으셨느니라"(히 12:2)

예수님께서는 자기 자신을 지키기보다 죽음을 선택하셨다. 예수님께서는 죽음을 넘으면 부활이 기다리고 있다는 사실을 아셨고, 바로 이 점이 그분께서 고통스런 십자가의 과정을 받아들이고 인내하게 하셨다.

그리스도인들은 십자가를 사랑하지만, 실제로 자신이 십자가를 져야 할 일이 있을 때는 십자가의 길을 피하고 싶어하고 멀리하고 싶어한다. 십자가의 길은 우리의 욕구와 반대되기 때문이다.

당신은 하루에 얼마나 자주 십자가를 생각하는가? 예를 들어 중요한 사업 결정을 해야 한다고 생각해보라. 큰돈을 벌 수 있는 기회이기는 하나 그렇게 하려면 경건의 원칙을 조금은 굽히고 들어가야 하는 상황이라고 가정해 보자.

그 십자가가 당신 마음 속에서 일어나면서 "나를 선택하라, 살고자 원한다면 죽어야 하리라"고 말한다. 이 상황을 어떻게 대처할 것인가?

좀 더 가벼운 상황을 예로 들어 보자. 한창 바쁜 출퇴근 시간에 운전을 하고 있는데 갑자기 누군가가 길가에서 당신 앞으로 뛰어갔을 때, 당신은 그 사람에게 욕을 퍼부어 주고 싶을 것이다.

그러나 그 때 십자가는 당신 마음 속에서 "그 사람을 저주하거나 욕하지 말라. 성질을 죽이고 참으라. 인내하라"고 말한다. 당신은 과연 그 십자가를 지고 그리스도를 따르겠는가?

나는 십자가를 고통의 수단으로 보기보다는 당신을 안전하게 보호해 주는 친구로 바라보라고 권하고 싶다. 실제로 십자가는 '육'이라고 불리는 괴물이 우리를 파괴하지 못하도록 해준다.

비록 우리의 영혼은 구원과 동시에 거듭났지만 우리는 여전히 '육의 집' 안에서 살고 있다. 그러므로 육을 따르고자 하는 우리의 영은 하나님의 영과 끊임없이 전쟁을 벌이고 있다. 그러므로 우리는 반드시 육을 십자가에 못 박아야 한다.

바울은 "그리스도 예수의 사람들은 육체와 함께 그 정과 욕심을 십자가에 못 박았느니라"(갈 5:24)고 가르쳤다.

정이라는 단어에 주목하라. 육에는 반드시 십자가에 못 박아야 할 정이 있다. 이것이 우리가 버려야 할 애착이다. 당신을 과거에 묶어 두려는 모든 것들, 즉 하나님께서 우리가 놓기를 원하시는 애착을 버려야 하는 것이다.

당신은 "내가 어떻게 나의 십자가를 질 수 있을까요?" 하며 고개를 갸우뚱할지도 모르겠다. 하지만 그것은 어렵지 않다. 다음에 제시되는 방법들로 당신은 당신의 십자가를 질 수 있다.

첫째, 당신 삶의 모든 부분을 스스로 결정하지 말고 성령님께 맡기고 성령님께서 인도하시는 대로 따르라.

나는 나의 마음 속에서 들리는 "제프, 이것은 이제 마무리되어야 한다. 이제는 나아가야 한다. 살고자 원한다면 죽어야 한다"라는 말씀에 귀 기울이고 성령의 인도하심을 따르고자 노력했다.

내가 원하는 길로 가지 말고 성령의 목소리를 내 삶의 현실 속에서 인정하고 그 길로 따르는 것이 가장 중요하다.

둘째, 하나님께 "옳습니다"라고 대답하라.

내 뜻과 하나님의 뜻이 다를 때 하나님께 항의하는 것이 아니라 하나님의 뜻이 옳다는 것을 인정해야 한다. 하나님께 "옳습니다"하고 고백하고 따를 줄 알아야 한다. 하나님의 뜻에 맞춰 모든 것을 결정하면 당신은 현재 처한 상황에서 예수님의 십자가를 지고 가는 것이다.

셋째, 회개하라.

회개는 선한 것이다. 그것은 자유와 해방에 이르는 길이다. 과거의 잘못을 회개하지 못하여 과거에 얽매여 있고 그것에서 벗어나지 못한다면 과거는 하나의 우상이 되고 죄가 된다.

스트롱의 《성경 용어 사전》에 따르면, 회개란 말 그대로 '마음으로 깨닫거나 마음을 변화시키는 것'을 의미한다. 우리가 회개할 때 우리를 사로잡았던 모든 종류의 죄와 불법은 사라지게 될 것이다.

넷째, 필요하다면 어떤 변화든지 추구하라.

이는 당신을 추억 속에 붙들고 있는 여러 소유물들을 버리라는 뜻이다. 그리고 과거의 일들과 관련된 사항들을 다른 이들에게 물어보기를 이제 그만 멈추라는 의미이다.

과거와 연관되는 모든 사항들을 끊어버려라. 낡은 옛것을 그리워하도록 하는 그 무엇도 당신의 삶 속에 발을 들이지 못하게 하라. 과거를 과거라고 부르는 이유는 이미 지나갔기 때문이다.

다섯째, 과거에 중독된 사람들과 멀리 하라.

지금까지 과거에 중독된 사람들 틈 사이를 계속 왔다 갔다 했었는가? 이제 그 모든 사람들에게 작별 인사를 고하라. 그리고 미래에 대해 논하는 사람들을 사귀라.

여섯째, 전심을 다하여 하나님을 구하고 기뻐하라.

당신 혼자의 힘으로 감당하기 어려운 일이 있다면 하나님께 도움을 청하라. 하나님께 구하고 당신을 묶고 있던 과거를 떠나면 당신은 '새로운 미래' 앞에 설 수 있다.

마지막으로, 당신 마음을 말씀으로 가득 채우라.

성경은 우리를 인도하는 빛이다. 하나님은 성경을 통하여 우리에게 말씀하시고 앞길을 인도하신다. 성경을 묵상하고 하나님의 뜻을 구하라. 특별히 현재 당신이 씨름하고 있는 일들과 직접적으로 관련된 말씀에 귀 기울이라.

이 단계들을 모두 밟았다면, 이제 나머지 작업은 성령께서 다루시도록 하라. 그분께 순종하면서 살아간다면 당신을 묶었던 과거의 사슬은 곧 풀릴 것이다. 새로운 희망과 함께 하는 새날이 나타날 것이다.

인내심을 가지라. 비록 이따금씩 과거로 돌아가고픈 생각이 들 수도 있겠지만, 결국 그 마음은 점차 사라져 갈테니. 과거를 흘려보내고, 발에 묻은 먼지를 털어내 버리며, 자신에게 예정된 길을 걸어가겠다는 의지는 당신에게 값진 보상을 안겨줄 것이다.

이제 우리의 적이 사용하는 놀랄만한 그 두번째 사슬을 밝히러 갈 준비를 하자. 우리의 적이 사용하는 논리는 다음과 같다.

"그때가 정말 좋았지. 가장 좋았던 날들은 다 지나가 버렸어. 네가 쓸모있던 시절은 다 끝나버렸다구."

악마는 거짓말쟁이이다. 다음 장을 보면 악마가 왜 거짓말쟁이인지 알 수 있게 될 것이다.

(생각해 볼 문제) ···

1. 당신을 붙들려고 사탄이 이용했던 사슬인 과거에 대한 애착, 그 어떤 것을 놓아버리라고 하나님께서 권하시는 말씀을 한 번이라도 들은 적이 있는가? 그 때 당신은 순종하였는가? 아니면 순종하지 못하였는가? 순종하지 못했다면 그 이유는 무엇인가?

2. 당신 삶의 어떤 영역에서 하나님께서 십자가를 지라고 부르시는가? 이 순간 그분 앞에 올려드릴 당신의 대답은 무엇인가?

3

그 시절이 최고는 아니었다

옛날이 오늘보다 나은 것이 어찜이냐 하지 말라
이렇게 묻는 것이 지혜가 아니니라(전 7:10)

과거에 갈채를 보내고 현재를 통탄하지 않았던 세대는
단 한 순간도 없었다.

_ 릴리안 아히러 왓슨Lillian Eichler Watson

지금 돌아가고 싶어하는 그 시간에
나는 불평하고 있었다

"향수는 마치 문법 수업과 같다. 현재는 긴장됐고, 과거는 완벽했다고 본다you find the present tense and the past perfect."

급상승하는 신종 잡지 〈추억 속으로〉에서는 어제를 그리워하는 달콤한 기억들에 관한 내용으로 가득 차 있다. 과연 과거는 정말 완벽했을까? 과거가 우리가 그토록 갈망하던 때일까?

《웹스터 사전》에서 향수nostalgia라는 단어는 과거의 무상한 본질이라고 기록되어 있다. 즉 '일정한 과거의 기간이나 되돌릴 수 없는 상태가 돌아오기를 동경하거나 지나치게 감상적으로 갈망하는 것'이라고 한다.

되돌릴 수 없는 상태라는 문구에 주목하라. 우리가 아무리 애써 보아도 과거는 절대로 돌아올 수 없다. 하지만 우리는 과거로 돌아가고 싶어한다.

과거의 성공은 악마가 사용하는 또 다른 강력한 도구이다. '좋았던 옛 시절'이라는 말은 더이상 우리가 가볼 수 없는 지나가 버린 시간의 한 조각을 정신적으로 회상하는 말을 일컫는다.

노력 없이 꽃피우던 사랑, 쉽게 찾아온 성공, 그리고 우리의 생각대로 착착 돌아가던 삶의 모습 등 마법과도 같은 순간들이 '좋았던 옛 시절'이라는 별난 문구 속에 모두 담겨 있다. 유행가 노랫말에도 나와 있듯이 "그 시절이 최고였지, 친구여"하고 생각하게 한다.

하지만 우리가 그렇게도 동경하는 과거에 살던 당시에는 그 시절이 최고라고 느끼지 않았다는 점을 기억해야 한다. 우리는 감상에 휩싸여 어제를 새롭게 코팅하고는, 실제로 그 시절에 살 때에는 무언가 그보다 더 나은 시간을 생각했다는 점을 까맣게 잊고 있다.

지금 돌아가고 싶어하는 그 시간에 당신은 그 시간들을 불평하고 있었다는 사실을 기억하는가? 그 시절에도 여러 가지 문제들을 안고 있었으며 무언가 달라지기를 은밀히 소원하고 있었다는 점을 기억하는가?

당신의 대답은 확실한 "예"일 것이다. 그럼에도 우리는 과거에 있었던 사건들을 낭만적으로 생각하고, 그럼으로써 오늘 있는 것들을 하찮게 여긴다. 사람들이 말하듯 어리석은 기억만큼 '좋았던 옛 시절'을 더 크게 부풀리는 것은 없다.

다른 유행가, 비틀즈가 불렀던 〈예스터데이Yesterday〉라는 노래를 생각해 보라. '어제'라는 단어만큼 과거를 낭만적으로 만드는 표현이 없다. 이 노래를 따라 부를 때 정말로 어제를 그리워하면서 불렀는가? 이 노래는 놀랄 만큼 아름다운 선율로 흐르지만, 그다지 건강한 삶의 철학을 담고 있지는 않다는 점을 우리는 명심해야 한다. 사실 철학이라기보다는 일종의 착각을 담고 있다.

생각해 보라. 정말로 그 시절에는 '모든 문제들'이 굉장히 멀리 있는 듯 생각되었는가?all your troubles seem to be so far away 이것이 바로 과거를 보기 좋게 포장하는 방법인데, 특히 현재 상황에서 우리의 손이 닿는 일들이 잘 돌아가지 않을 때는 더욱 그렇게 느껴진다.

이 사실이 당신에게 무언가를 떠오르게 하는가?

당신의 삶도 과거의 영예와 비교해 보면 지금 매우 침울한가? 아마 예전보다 당신의 책임감이 더 많이 늘어났을 수도 있고, 예기치 않은 가슴 아픈 일이 당신을 축 쳐지게 만들었을 수도 있다. 아니면 직업을 잃었다거나 배우자가 떠났다거나 당신의 자녀들에게 무언가 좋지 않은 일들이 일어났다거나 했을 수도 있다.

당신은 압력 밥솥 속에 들어가 있는 듯 매우 답답한 기분을 느낄지도 모르겠다. 지긋지긋한 결점이 당신의 속을 꽉 움켜쥐고 있을 수도 있다. 이제 예전보다 많이 늙고 흰머리도 늘어서 마치 한때 누렸던 삶의 기쁨은 더이상 찾아볼 수 없을 것 같다고 느낄지도 모르겠다.

정말로 좋았던 시절은 이제 다 끝나 버린 걸까? 하고 스스로 되물을 때면 가만히 공포가 몰려와 당신의 영혼을 죌 지도 모른다. 더이상 홈런을 날려 볼 기회는 없으리라는 생각이 당신을 궁지에 빠뜨리고, 두려움은 믿음의 목소리보다 더 큰 목소리를 낼 수도 있다.

여기에 당신에게 보내는 경고 한 마디가 있다. 당신이 감정에 기대고 있다면 그것은 당신을 앞으로 나가지 못하게 할 것이다. 그 결과 당신은 자신감이나 힘, 유능함 등을 충분히 발휘하지 못할 것이다. 달리 말해서 이미 지나가 버린 날들 속에서 '경기장 밖으로 나가버린 공을 차보겠다'는 데 온통 관심을 쏟으면, 다시 시작할 수 있다는 믿음은 그 힘을 잃고 만다.

솔로몬이 전도서 7장 10절에서 "옛날이 오늘보다 나음을 묻지 말라"고 경고했던 것은 바로 이러한 이유 때문이다.

옛날이 오늘보다 낫냐고 묻는 내면에는 "나는 다시는 할 수 없을 거야. 이제 나에게 더이상 좋은 일이라곤 일어나지 않겠지. 전에는 운이 좋았었는데 이제 해볼 만한 건 하나도 없고, 내 최고의 날들은 다 지나가 버렸어. 하나님은 예전엔 날 축복하셨지만, 이제는 아니야. 그야말로 다 끝나 버렸다구"하는 의심과 불안이 담겨 있다.

과거 속에 살아가는 사람들 '옛 시절이 지금보다 나았지'라고 말하는 사람들은 하나님의 말씀에 불순종하는 사람들이다.

> "너희는 이전 일을 기억하지 말며 옛적 일을 생각하지 말라 보라 내가 새 일을 행하리니 이제 나타낼 것이라 너희가 그것을 알지 못하겠느냐"(사 43:18~19)

일의 순서를 살펴보라. 당신 스스로 '새로운 것'을 바라보도록 시선을 돌리려면, 백미러를 바라보는 데에서 시각을 돌리라고 말씀하시는 하나님의 명령에 반드시 순종해야 한다. 기억의 통로에 계속 붙들려 있으면 약속으로 가득 찬 밝은 미래를 깨달을 수 없다.

알렉산더 그레함 벨Alexander Graham Bell은 이 점을 두고, "문 하나가 닫힌다면 또 다른 문 하나가 열린다. 하지만 우리는 종종 그 닫힌

문을 너무나 오랫동안 후회스럽게 바라보기 때문에 우리를 위해 또다른 문이 열려 있다는 사실을 보지 못한다"라고 지적하였다.

대단한 녀석

사람들에게 잘 알려진 야구 영화, 〈내추럴The Natural〉에서 로버트 레드포드Robert Redford는 신기에 가까운 능력을 가지고 태어난 로이 홉스Roy Hobbs라는 역을 맡아 열연했다. 로이의 가족과 친구들은 강한 팔을 소유한 그가 언젠가는 멋진 야구 선수가 되리라고 믿어 의심치 않았다.

어느 날 밤 젊은 로이는 침대 곁에서 창문 밖을 바라보다가 무시무시한 폭풍우와 번개가 커다란 나무를 강타하여 그것을 반으로 가르는 광경을 목격했다. 그 순간 로이는 그 쓰러진 나무로 야구 방망이를 하나 만들어야겠다는 생각을 했다.

그리고 이 특별한 작업을 끝마치면서 그 방망이에 대단한 녀석이라는 이름을 새겨 넣었다. 그 야구 방망이는 그의 개인적인 정체성과 탁월한 능력, 그리고 꿈의 강력한 상징이 되었다.

그 야구 방망이를 한 손에 든 홉스는 자신은 대단한 녀석이고 미래에 역사상 가장 훌륭한 야구 선수가 될 것이라고 확실히 믿었다.

하지만 시간이 지나면서 비극적인 일들이 연달아 발생하였다. 시카고 컵스Chicago Cubs에 지원하려던 중대한 시점에서 큰 부상을 입어 병원에 입원하게 되었고, 이로써 프로 야구선수가 되겠다던 그의 삶은 끝난 듯이 보였다.

16년이라는 긴 시간이 흐른 뒤, 홉스는 자신의 꿈을 이루겠다는 소망을 안고 다시금 야구계에 등장하였다. 그는 '머리 위쪽으로는 움직일 수 없는' 몸으로 뉴욕 나이츠에 지원하였다.

그 구단은 그가 메이저에서 경기를 펼쳐 볼 수 있는 마지막 기회였다. 처음 배팅 연습 도중에 공 몇 개를 쳐 보라고 지목받았을 때, 그는 자신의 검은색 가방에서 대단한 녀석이라고 새겨진 야구 방망이를 꺼냈다.

홉스는 자신의 꿈의 상징이었던 대단한 녀석이라는 야구 방망이로 아주 먼 곳까지 공을 연달아 날려 버렸고, 깜짝 놀란 다른 동료들은 입을 딱 벌리고 그를 바라보았다. 그리고 나이츠 구단은 홉스가 그 놀라운 홈런을 날린 덕분에 승리를 거둘 수 있었다.

이 이야기의 요점은 무엇인가? 이 이야기 속에서 영웅의 일화는 멋진 결말을 거두었는데, 이는 그가 대단한 녀석이라는 야구 방망이를 다시 한 번 멋지게 집어들 용기를 냈기 때문이었다. 그 방망이를 다시 집어 들면서 그는 자신의 꿈도 다시 한 번 집어 들었다.

그는 "나의 과거가 아름답기는 했지만 그 시절이 최고는 아니었습니다. 나는 지금 기가 막힌 앙코르 공연을 하고 있습니다. 오늘, 바로 지금 말이죠!"라고 말했다.

시간이 흐르면서 불행이 닥쳤지만, 그는 백미러(그가 과거에 이룬

성적에 대한 향수)를 끊임없이 바라보며 머물러 있지 않았다.

당신은 어떠한가? 과거를 그리워하며 살고 있는가? 아니면 다시 시작할 용기를 내고 있는가?

당신의 성공은 그 어떤 특별한 때나 장소에 달려 있지 않으며 '다시는 잡을 수 없을 것 같은' 그 어떤 상황에 매여 있지도 않다. 선물은 당신 안에 있다.

홉스에게 성공을 가져다 준 것은 그의 야구 방망이가 아니라 홉스 자신이었다. 그는 가장 중요한 것은 자신이 날리는 공이 아니라 그 공을 날리는 주인공, 바로 자신이라는 사실을 알았던 것이다.

당신도 마찬가지이다. 과거에 당신과 동행해 주셨던 하나님께서 지금 이 순간에도 여전히 당신과 함께 하신다. 흥미진진한 앙코르 공연을 펼쳐주실 그분을 신뢰하라.

앙코르!

하나님께서는 정말 놀랄만한 앙코르 공연을 여시는 데 전문가이시다.

맹렬히 추격해 오던 바로의 군대를 뒤로 하고 홍해 앞에서 하나님께서 행하신 앙코르보다 더 멋진 기적을 모세와 이스라엘 백성들은 경험할 수 없었을 것이다.

이스라엘 백성의 출애굽을 위한 열 가지의 재앙, 그리고 홍해가 갈라져 이스라엘 백성들로 하여금 바다 한 가운데를 걸어가게 한 구원의 길. 이 얼마나 믿기 어려운 앙코르인가!

널리 알려진 성경 인물 가운데 힘이 센 사람이었던 삼손은 자신의 비전, 자기 자신의 방망이를 다시 집는 법을 잘 알았다.

하나님을 위해 이루었던 위대한 승리들을 뒤로 한 채, 사악한 여인의 꾀임에 빠져 자신의 놀라운 힘의 비밀을 알려준 그는 자신의 모든 것들을 잃어버렸다.

블레셋의 잔인한 교도관들은 삼손의 머리카락을 다 자르고 눈을 뺀 다음, 맷돌에 묶어 그 주위를 끊임없이 빙빙 돌게 했다. 한때 위대한 장수였던 그는 이제 광대처럼 사람들의 구경거리가 되는 비참한 시간 속에 있었다.

그럼에도 불구하고 삼손은 위기의 때에 하나님을 기억하고 하나님께 기도하였다.

> "삼손이 여호와께 부르짖어 가로되 주 여호와여 구하옵나니 나를 생각하옵소서 하나님이여 구하옵나니 이번만 나로 강하게 하사 블레셋 사람이 나의 두 눈을 뺀 원수를 단번에 갚게 하옵소서"
> (삿 16:28)

삼손은 블레셋 사람들이 한창 연회를 즐기고 있던 성전의 두 기둥 사이에 서서 그 건물 전체를 밀어 무너뜨렸고, 그가 지금까지 물리쳐 왔던 무리보다 더 많은 주님의 적들을 물리쳤다. 이 얼마나 멋진 앙코르인가!

믿음과 소망을 가지고 앞을 향해 나아가는 인생을 살고자 한다면, '옛날이 오늘보다 나으니' 라는 환상 속에 빠지면 절대로 안된다.

믿음과 소망을 가지고 앞을 향해 나아가는 인생을 살고자 한다면, '옛날이 오늘보다 나으니' 라는 환상 속에 빠지면 절대로 안된다. 성공적인 사업 수완, 원만한 인간관계, 넘치는 축복의 시절 등 당신이 든 방망이가 무엇이든지 간에, 감동적인 피날레를 경험하기 위해서는 치러야 할 대가가 있다.

비록 당신의 방망이는 이전만큼 완벽해질 수 없다 하더라도, 그 방망이를 날렸던 사람은 바로 당신이 아닌가?

다시는 잡을 수 없는 지난 날을 뒤돌아보지 말라. 하나님께서 당신에게 허락하시는 새로운 비전으로 걸어들어 갈 때 새 날이 다가올 것이다. 어제를 그리워하는 노래들이 지금 이 순간 당신의 가능성을 앗아가도록 결코 허락하지 말라.

나무 위로 올라가라 ▎

몇 년 전에 하나님께서는 우리 가족을 축복하셔서 텍사스 동부에 새로운 교회를 개척하게 하셨다. 그곳은 소나무가 우거진 곳이었고, 경사진 언덕 꼭대기에는 그림처럼 아름다운 4,800 평의 땅과 교회가 있었다.

나는 우리 집 가까이에 있는 숲으로 아이들을 데리고 산책 나가기를 굉장히 좋아했다. 햇빛이 장대처럼 키가 큰 나무들이 흔들거리는 틈으로 쏟아져 들어와 솔잎으로 덮인 땅을 담요처럼 덮어주었다. 그 숲은 정말로 평화스러웠다. 새들은 지저귀었고, 다람쥐들은 나무 이 끝에서 저 끝으로 옮겨 다니면서 마치 곡예 선수들 같이 묘기를 부렸다.

숲에서 즐길 수 있는 이런 도보 여행을 좋아하는 사람들 사이에 통하는 일종의 법칙이 있다. 혹시라도 길을 잃게 되거든 주변에서 찾을 수 있는 나무들 중에서 가장 높은 나무에 올라가면 현재 자신의 위치와 방위를 알게 된다는 것이다. 시골에서 얻을 수 있는 이 지혜를 내가 깨닫기까지는 그리 오래 걸리지 않았다.

어느 날 나는 두 아이를 데리고 우리 집 가까이에 있는 숲 속 깊은 곳으로 산책을 갔다. 나는 너무나 즐겁고 행복했던 나머지 해가 지는 것을 까맣게 모르고 있었다. 게다가 우리는 너무 멀리까지 걸어오면서 여기저기로 방향도 많이 바꿨기 때문에 집으로 가려면 어디로 가야 하는지조차 알 수가 없었다. 아이들 앞에서 침착한 태도를 유지하려고 애쓰면서 나는 마음속으로 간절히 기도했다.

"하나님, 절 좀 도와주세요. 금새 어둠이 찾아올 텐데, 저희는 지금 여기가 어딘지 어디로 가야하는지 방향도 모르고 있어요."

바로 그 순간, 몇 미터 떨어진 곳에 서 있던 떡갈나무 한 그루가 눈에 들어왔는데, 그 나무는 키가 무척 크고 나뭇가지가 많이 달려 있었다. "저 나무에 올라 가면 어디로 가야할지 알 수 있어. 걱정하지 않아도 되." 나는 아이들에게 웃으면서 이야기했다.

나는 그 나무의 높이가 내가 원하는 만큼 됐으면 좋겠다고 간절히 바라며 나무 위로 올라갔다. 나뭇가지를 타고 오르다 보니 숲 전체를 볼 수 있는 높이에까지 오를 수 있었다. 그리고 아주 멀리 있는 우리집 지붕도 눈에 띄었다.

얼마 지나지 않아서 우리는 안전하게 집에 도착할 수 있었다. 나무 타기가 우리를 구해준 것이다.

앞길이 보이지 않을 때, 우리는 하나님의 산에 올라 하나님의 인도하심을 구해야 한다. 즉 기도의 '나무 타기'를 해야 한다.

하나님께서는 그의 자녀들에게 대가없이 비전을 허락하신다. 나는 성경 속에서 은퇴라는 말을 한 번도 본 적이 없으며, 하나님의 백성이 더 나은 밝은 미래에 대한 소망을 저버렸다는 부분을 한 번도 읽은 적이 없다. 내가 발견한 말씀은 하나님의 백성은 믿음과 영광 안에서 전진해야 하는 사람들이라는 진리이다.

하나님께서는 우리를 떠나지 않으시며, 우리를 변화시키신다. 그분의 자녀된 사람들로서 우리의 삶은 항상 도전에서 도전으로, 승리에서 승리로, 모험에서 모험으로, 그리고 믿음에서 믿음으로 항상 위를 향해서만 올라가야 한다.

> "의인의 길은 돋는 햇볕 같아서 점점 빛나서 원만한 광명에 이르거니와"(잠 4:18)

기도 속에서 하나님과 함께 나눈 시간들을 통해 우리는 세속적인 삶을 넘어 소망의 빛으로 나아간다. 우울의 나락 속에서 가능성의 땅으로 우리를 이끌어 주실 주님을 만날 공간은 기도의 장소이다.

하나님의 높이에서 보내는 시간을 통해 우리는 다음 목적지인 '지붕'이 어디에 있는지 바라볼 수 있다.

나무 타기를 통해 새로운 방향을 얻지 못한 적은 한 번도 없다. 나는 이와 같은 때에 내 다음 목적지를 바라보면서 느끼게 되는 혼란과 좌절의 숲, 그 너머를 볼 수 있는 기회를 얻었다.

과거의 성공이 당신에게 더 원대한 일이 다시는 일어나지 않을 것이라며 위협하도록 허락하지 말라. 하나님의 나무로 올라가라. 그러면 하나님 안에서 당신이 가야 할 다음 단계는 무엇인지 알게 될 것이고, 어디로 가야할 지 방향을 설정할 수 있을 것이다.

이 산지를 내게 주소서! ▮

이스라엘 자녀들이 요단강을 건너 약속의 땅으로 들어가려고 했을 때 12명의 정탐꾼 중 여호수아와 갈렙을 제외한 10명은 모두 가나안 땅에 들어갈 수 없다고 말했다.

여호수아와 갈렙은 믿음의 눈으로 약속의 땅을 탐지하고 돌아온 유일한 사람들이었다.

하나님께서는 "오직 내 종 갈렙은 그 마음이 그들과 달라서 나를 온전히 좇았은즉 그의 갔던 땅으로 내가 그를 인도하여 들이리니"(민 14:24)라고 말씀하셨다.

갈렙은 여호수아와 함께 기적적으로 요단강이 갈라지는 광경을 본 경험이 있었다. 백만의 이스라엘 백성 가운데 여호수아와 함께 오직 갈렙만이 성공적으로 그 땅의 열매를 맛보았다.

성공은 갈렙의 또 다른 이름이었다. 그의 뒤에는 놀라운 성공들이 연이어 나타났다.

그러나 갈렙은 거기서 멈추지 않았다. 그는 과거의 성공이 미래를 해치도록 허락하지 않았다. 커다란 포도송이, 약속의 땅에 흐르는 꿀, 그곳에서 나는 넘치는 젖 등을 '물리칠' 사람이 있었다면 그는 갈렙이었을 것이다.

그는 자신의 손주들을 불러다 놓고 하나님께서 이스라엘 사람들을 해방시키기 위해서 애굽에서 행하셨던 열 가지 재앙에 대해서, 홍해를 갈라지게 했던 거대한 동풍에 대해서, 또 저 반대편으로 이스라엘 백성이 무사히 도착하자 홍해가 바로의 군대를 어떻게 집어 삼켰는지에 대해서 이야기해 줄 수도 있었을 것이다. 아이들의 또랑또랑한 눈동자를 바라보면서 낮에는 구름기둥으로 밤에는 불기둥으로 인도함을 받았던 '좋았던 옛 시절'을 이야기해 줄 수도 있었을 것이다. 매일 내려주셨던 만나, 이스라엘 사람들에게 물을 내주었던 반석, 어둠 가운데 밝게 빛났던 모세의 얼굴 등 수많은 이야기들을 기억하며 이야기했을 수도 있었을 것이다.

그리고 자신은 이제 뒤로 물러서며 다음의 일들은 다음 세대들에게 맡길 수도 있었을 것이다.

그러나 갈렙이 그렇게 하지 않았다. 갈렙이 40세였을 때 그는 여호수아와 또 다른 정탐꾼 10명과 함께 약속의 땅을 탐지하러 떠났다.

하나님께서는 "내가 모세에게 말한 바와 같이 무릇 너희 발바닥으로 밟는 곳을 내가 다 너희에게 주었노니"(수 1:3)라고 말씀하시며 그 땅을 주시겠다고 약속하셨다.

갈렙은 이 약속을 믿고 미래에 자신들의 본고장이 될 그 땅을 두루 탐지하기 위하여 떠났다.

12명의 정탐꾼은 헤브론의 도시에 이르게 되었다. 그리고 바로 이곳에서 거대한 아낙 자손들을 보았는데 그들의 장대한 기골은 정탐꾼들의 마음에 큰 두려움을 주기에 충분했다. 그곳은 다른 어떤 지역들보다도 정복할 수 없을 듯이 보였다.

그러나 갈렙은 발을 딛는 곳마다 하나님의 약속을 심으면서 걸어 나아갔다. 그 순간 갈렙에게 그 땅은 하나님이 주신 꿈이 되었다.

그 이후로도 갈렙은 38년이라는 시간을 광야에서 보내면서 사막의 모든 역병을 이겨내야 했으며, 가나안 땅에서 7년을 더 지내면서 전쟁의 어려움을 다 겪고 나서야 여호수아와 비등한 수의 증인들을 모을 수 있었다.

그는 그의 옛 친구 여호수아에게 하나님께서 45년 동안 어떻게 자신을 살려 주셨는지 다시금 상기시켜 주었다. 그리고 자신이 아직 힘이 세고 원기 왕성하다는 말도 전해 주었다. 더불어 그는 "그날에 여호와께서 말씀하신 이 산지를 내게 주소서"(수 14:12)라고 여호수아에게 청하였다.

그 거대한 아낙 자손들은 여전히 거기 있는 상황이었다. 그러나 이처럼 대담한 선언을 하고 나서, 갈렙은 자기 앞에 놓인 전쟁을 직시하였고 자신의 결심을 굽히지 않았다. 45년이라는 인내의 시간과 전쟁의 시기를 보내는 동안 갈렙은 자신의 꿈이 사라지도록 허락하지 않았다.

하나님께서는 갈렙의 이 점을 높이 보시고 그의 요구를 들어주셨다. 이 얼마나 멋진 앙코르인가!

당신을 위한 하나님의 꿈은 평생 지속되며 일생을 뛰어넘는다.

헨리 워드 비처Henry Ward Beecher는 "모든 내일에는 두 가지 핸들이 있다. 우리는 염려의 핸들을 잡을 것이냐 믿음의 핸들을 잡을 것이냐

> 갈렙은 발을 딛는 곳마다 하나님의 약속을 심으면서 걸어 나아갔다. 그 순간 갈렙에게 그 땅은 하나님이 주신 꿈이 되었다.

의 기로에서 선택을 내릴 수 있다"라는 지혜로운 말을 남겼다. 믿음의 핸들을 잡고 승리를 취하라.

당신이 예비된 길을 따라 더 멀리 나아갈 때, 사탄의 속임수가 있다는 사실을 항상 기억하라. 그는 수없이 많은 악한 방법으로 당신을 과거로 꾀어내려고 쉬지 않고 노력할 것이다.

다음 장에서는 마음의 상처라는 호텔에 당신을 계속 묵게 하려는 사슬을 발견할 것이다. 이 호텔은 바이올린 선율이 흘러나오고 멋진 음식이 준비되어 있는 아늑한 분위기를 자랑하지만, 그곳의 방에 머물려면 굉장히 비싼 값을 치러야 한다. 그곳에 너무 오랫동안 남아 있으려 한다면 당신은 어떤 값을 치르게 될 것인가?

생각해 볼 문제

1. 과거라는 백미러를 이리저리 체크해 보면서, "정말 그때가 최고의 시절이었을까?"라고 말해본 적이 있는가? 만약 그것이 사실이라면 얼마나 자주, 그리고 무엇에 관해 생각했었는가?

2. 당신의 '대단한 녀석 방망이'는 무엇인가? 주저하지 말고 방망이를 집어든다면 하나님께서 멋진 앙코르로 당신을 축복하실 것이다.

4

잃어버린 사랑의 유혹

내가 밤에 침상에서 마음에 사랑하는 자를 찾았구나
찾아도 발견치 못하였구나(아 3:1)

주 여호와의 신이 내게 임하셨으니 이는 여호와께서
내게 기름을 부으사 … 마음이 상한 자를 고치며(사 61:1)

상한 마음은 내일을 앗아간다 ▌

상한 마음과 같이 과거라는 백미러에 당신의 시선을 붙잡아 두는 것도 없다.

상한 마음은 무절제한 애착과는 확실히 다르다. 무절제한 애착의 경우, 그냥 흘러가도록 놔두느냐 아니냐를 결정하는 것이 해결의 관건이다. 하지만 상한 마음을 품게 되면, 우리는 그 마음이 이제 그만 우리를 떠나가 주었으면 하고 절박하게 바란다.

무절제한 애착은 종종 엉뚱한 감상 때문에 발생한다. 하지만 상한 마음은 산산이 부서져버린 사건들로 말미암아 생겨난다.

이사야 선지자는 메시야의 주된 사역 가운데 하나가 '마음이 상한 자를 싸매주는' 것이라고 예언했다(사 61:1).

스트롱의 《성경 용어 사전》에서 상한 마음은 히브리어에서 유래된 단어로 '폭발하다, 산산이 부서지다, 뭉개지다' 등을 의미한다고 기록되어 있다.

이사야 선지자는 메시야가 상한 마음을 '싸매준다'고 예언했는데, 이는 곧 '붕대로 감싸 주다, 덮어주다, 봉하다' 등을 의미한다. 상한 마음은 신성한 어루만지심이 필요할 만큼 심각한 문제라는 사실을 쉽게 알 수 있다.

상한 마음을 달리 표현하면 끊임없이 포기하도록 만드는 고통이라고 할 수도 있을 것이다. 잃어버린 사랑 때문에 고통 받을 때, 그 고통과 혼란의 소용돌이 속에서 모든 소망이 휩쓸려나가고 당신의 영혼에는 수많은 감정의 물결이 일게 된다. 마음의 상처는 너무도 비참해서 실로 커다란 힘을 드러낸다.

먹지도 못하고 자지도 못하며 어느 한 가지 일에 몰두할 수도 없다. 상한 마음으로 고통 받고 있을 때에는, 애정을 품었던 그 대상을 생각할 때 느끼는 형용할 수 없는 상실감 말고는 그 무엇도 당신의 관심을 끌지 못한다.

약혼 파기 또는 이혼으로 말미암아 고통 받을 수도 있다. 아니면 자녀나 부모를 잃은 비극적인 사건이 마음을 상하게 할 수도 있다. 당신에게 상한 마음을 준 요인이 무엇이었는지는 사실 그다지 중요치 않다. 이유가 무엇이든 상한 마음은 계속해서 상처를 준다. 그것도 아주 많이.

상실을 겪은 이후로 몇 달이 지나가도 당신은 여전히 고통과 공허함 때문에 고군분투하는 자신을 종종 발견한다. 이런 힘든 시기에 당신은 스스로 의아해 하면서 다음과 같이 묻게 된다.

"이렇게 되지 않았으려면 내가 그때 뭘 해야 했을까?"

그리고 이제 다 끝난 일이라는 사실이 당신 마음에 이따금씩 찾아와도 당신은 그 사실을 인정하고 싶어 하지 않는다. 하지만 시간이 지나면서 가혹한 현실은 결국 당신 영혼 속에 진실을 불러온다. 그것은 다 끝난 일이라고.

모든 일이 정리되고 나서도 당신은 그 상실의 기억에서 헤어 나오지 못하며, 잃어버린 그 관계는 정말 진실했다는 믿음을 놓지 못한다.

당신은 다음의 두 가지 방법 가운데 하나를 선택할 수 있다.

첫째, 절대로 다시는 새롭게 시도해 보지 않겠다고 단단히 마음을 먹고, 절대로 사랑하지도 않고 새로운 흥미를 가지고 인생에 뛰어들지도 않는다.

둘째, 이 상실의 주기를 그저 통과해 나간다. 우리에게 알려진 진실은 '최상의 출구는 그저 통과해서 나가야 한다' 는 것이다.

깨어진 관계를 경험한 사람들은 특히나 기억의 통로를 지나가기를 어려워한다. 그들이 갈 수 있는 다음 행선지는 어디일까? 기억의 통로가 이끄는 유일한 장소는 바로 상한 마음 호텔이다.

상한 마음 호텔이 어떤 실제적인 장소는 아니라 하더라도, 우리의 마음을 반영하는 일종의 처소라고 생각해 볼 수는 있다. 이 호텔은 방방마다 문짝도 모두 달려 있고 빗장이며 열쇠까지 완벽하게 구비되어 있다. 이 호텔에 사는 사람들은 기억 속에서 살며, 기억 속으로 다시 돌아갈 수 있기를 갈망한다.

그들은 이미 오래 전에 지나가버린 과거를 다시 돌이키겠다는 승산 없는 소망 때문에, 모든 미래의 가능성들을 잃어버렸다. 설상가상으로 그들은 과거를 되찾기 위해서라면 얼마의 시간이 걸리든지 간에 그 자리에 계속 머물러 있겠다고 속으로 맹세한다. 눈가에 눈물을 가득 머금은 그들은 "난 계속 당신을 기다릴 거예요. 언제나 당신 곁에 있을게요"라고 말한다.

상한 마음과 같이 과거라는 백미러에 당신의 시선을 붙잡아 두는 것도 없다. 이미 오래 전에 지나가버린 과거를 다시 돌이키겠다는 승산 없는 소망 때문에, 모든 미래의 가능성들을 잃어버렸다.

상한 마음 호텔의 로비를 따라 찬찬히 한번 걸어보라. 그러면 오가는 사람들 사이에 그다지 많은 상호작용은 없다는 사실을 관찰하게 될 것이다. 호텔에 머물고 있는 손님들이 새로운 사람이 왔다고 해서 그들을 만나러 갈 이유가 무엇이 있겠는가? 새로 오는 사람이 그 누구라 하더라도 이미 떠나가 버린 '바로 그 사람'에 비할 수는 없다.

마음이 상한 사람들은 자유롭기를 원하지만 그들이 산산이 부서진 마음을 매만지려고 애써 노력할 때 이 자유는 자취를 감춰버린다. 마치 땅딸보Humpty Dumpty(거울 나라의 엘리스에 나오는 인물, 한 번 부서지면 절대로 고쳐지지 않는 것 - 역주)처럼 그들은 그저 이 모든 일을 접어서 뒤편에 놔둘 수 없는 듯 보인다.

하지만 여기 한 가지 희소식이 있다. 이 어둡고 침침한 상한 마음 호텔에서 우리를 빼내 주시기 위해서 예수 그리스도께서 오셨다는 것이다.

자, 이제 내가 장담컨대 당신은 떠난다는 기분을 느끼는 것이 아니라 현재 계속되는 고통보다 훨씬 더 나은 목적지를 향해 간다는 느낌이 들게 될 것이다. 이런 설명만으로는 아직도 뭔가 부족하다고 느껴진다면, 그 호텔의 방값을 생각해 보자. 상한 마음 호텔의 방값은 어마어마하게 비싸지만, 호텔에서 나오기 전까지는 얼마나 지불해야 될지를 전혀 알 수가 없다.

마음이 상한 이들은 어제의 상실이 오늘을 앗아가도록 그대로 놔두면서 내일을 잃어버린다.

내 개인적 경험으로 볼 때, 감정이 격한 상황에서는 그대로 다소 시간을 두고 기다리면 항상 도움이 되었다. 시냇물에서 흙탕물이 일어나도 시간이 흐르면 결국에는 가라앉으면서 물빛이 맑아지듯이, 차분해진 감정은 우리 마음을 깨끗하게 만들어 진실을 받아들이도록 해준다.

하나님께서는 우리를 염려하게 만드는 것들을 다른 관점에서 바라보도록 돕는 데 능하시다. 사랑과 삶을 대할 때, 우리가 주의를 기울여야 마땅한 몇 가지 사실들이 있다.

자, 이제 당신의 상한 마음을 둘러싸고 있는 것들 가운데서 소망을 불러올 수도 있는 몇 가지 가능성들을 생각해 보도록 하자.

필요없는 것을 제하시는 하나님의 뜻을 발견하라

현명한 왕 솔로몬이 내린 가장 유명한 판결은 두 여인이 한 아이를 놓고 서로 자기 아들이라고 주장했을 때의 판결이다(왕상 3:16~27).

성경에는 그 두 여인이 한 집에 살던 매춘부들이었다고 기록되어 있다. 두 사람은 서로 며칠 간격을 두고 아이를 출산했다.

어느 날 밤 한 여인이 잠을 자다가 실수로 아이 위로 몸을 뉘어 아이가 숨이 막혀 죽게 되었다.

두 여인 가운데 한 여인이 솔로몬에게 "아이를 죽인 어미가 일어나서는 무슨 일이 일어났는지 보고서 자고 있던 내 아이와 자신의 아이를 바꿨습니다"라고 말했다. 이야기를 듣고 있던 솔로몬에게 아이를 안고 있던 다른 한 여인이 울면서 "아닙니다. 이 아이는 내 아들입니다" 라고 소리쳤다. 그러자 다른 여인도 이에 질세라 "아니라! 죽은 것은 네 아들이고 산 것이 내 아들이라"고 항변했다.

솔로몬은 자신의 명성에 걸맞게 이번 사건에서도 현명한 판결을 내려 주었다.

"칼을 내게로 가져오라." 그가 명령했다. 모두가 의아해 하며 그 칼을 주시하고 있을 때 솔로몬은 "이 아들을 둘로 나눠 반은 이에게 주고 반은 저에게 주라"고 명령하였다.

이 말을 들을 친모는 "아닙니다. 이 아들을 저 여자에게 주십시오. 아이를 둘로 나누지 마시옵소서!" 하며 울부짖었다. 그녀는 아들의 목숨을 살리기 위해 자신의 아들을 키우고 싶은 소망을 기꺼이 포기한 것이다. 심지어 아들의 목숨을 살릴 수만 있다면 거짓말을 하고 있는 그 여인에게 아들을 내줄 마음까지 있었다.

그러나 거짓말을 하고 있던 여인에게는 이와 같은 마음, 사랑이 없었다. 그 여인은 "내 것도 되게 말고 네 것도 되게 말고 나누게 하라"며 냉정하게 대답하였다. 그녀에게 아들 걱정은 뒷전이었다. 거짓말 속에 감춰진 질투와 시기가 그녀의 마음 속에 있던 진짜 동기였다.

진실을 밝히려면 위기가 뒤따른다는 사실을 솔로몬은 알고 있었다. 한 여인은 아들을 깊이 염려했지만 다른 여인은 전혀 그렇지 않았다.

이 이야기를 들을 때, 언제나 사람들의 초점은 두 여인과 그들이 보인 반응에만 맞춰졌다. 여기서 잠시 멈추어 서서 이 이야기를 두 여인이 아닌 그 아이의 각도에서 한 번 바라보자. 종종 우리에게도 그 아이와 같은 상황이 존재하기 때문이다.

우리는 우리를 둘러싼 사람들이 어떤 마음을 품고 있는지 절박하게 알고자 한다. 이때 우리 앞에는 '칼'이 등장하는 상황이 벌어진다. 잃어버린 관계, 개인적 실패 또는 사업·건강·가족의 위기 등이 바로 우리 앞에 나타난 '칼'이다.

이러한 순간 속에서 우리는 취약하고 무력하다. 하나님께서는 공평하시며 우리를 깊이 염려하시기 때문에 이러한 어려운 상황들을 사용하셔서 우리 주변에 있는 사람들의 마음을 보여주신다.

예수님께서 유다의 마음을 얼마나 선명하게 보셨는지 기억하는가? 그는 자신의 열두 제자의 마음이 어떠한지 정확히 알고 계셨고, 우리의 마음과 우리 주변 사람들의 마음이 어떠한지도 정확히 아신다.

요한복음 15장에서 예수님께서는 하나님의 자녀들 가운데 열매를 맺지 못하는 가지들은 모두 잘라내겠다고 말씀하셨다.

주님께서는 우리는 가지요 자신은 포도나무시며 하늘 아버지는 포도원 농부라고 말씀하셨다. 따라서 하나님께서는 정기적으로 우리의 삶인 '가지들'을 살펴보신다.

이 '가지들'은 다양한 문제 속에 존재하고, 이 가운데 일차적인 부분은 관계의 영역이다. 한 가지가 열매를 맺지 못하면 포도원 농부는 한 손에 큰 가위를 들고 나타나신다.

> "무릇 내게 있어 과실을 맺지 아니하는 가지는 아버지께서 이를 제
> 해 버리시고"(요 15:2)

과실을 맺지 못하면 제해 버리신다고 말씀하셨다.

하나님께서 하시는 모든 일은 선하며 그 모든 것은 우리의 선을 이루기 위함이다. 오랫동안 맺어왔던 관계들이 마침표를 찍는 순간에도 사랑이 많으신 하늘 아버지의 자비로운 손이 당신을 어루만지고 계심을 마음 속으로 감지할 수 있는가?

당신은 아마 "아니에요, 난 지금 너무도 큰 상처를 받았다구요! 하나님께서 제게 이러실 수는 없어요!"라고 대답했으리라고 생각한다.

그러나 친구여, 그분은 그러실 수 있다. 호세아 선지자가 하는 말을 들어 보아라.

> "여호와께서 우리를 찢으셨으나 도로 낫게 하실 것이요 우리를 치
> 셨으나 싸매어 주실 것임이라"(호 6:1)

이 말씀이 들리는가? 그가 찢으시고 치셨으나 낫게 하시고 다시 싸매어 주신다! 진리는 바로 이것이다.

하나님께서는 당신을 구하시기 위해서 지금 당신의 가지를 쳐내신다. 그가 당신을 가지 치듯 자르시는 시간은 고통스럽겠지만, 그분께

서는 이와 더불어 치유도 주신다.

한번 생각해 보라. 위에서 언급된 두 여인에 관한 진실은 솔로몬의 칼이 아니고서는 절대로 밝혀질 수 없었다.

그 아이가 자랐을 때 솔로몬의 칼을 기억하며 하나님께 감사했을 것이라고 나는 확실히 믿는다. 그 칼이 아니었다면 그는 절대로 자신의 친어머니와 함께 자랄 수 없었다.

예수님께서는 자신을 "솔로몬보다 더 큰 이"(마 12:42)라고 말씀하셨다. 우리의 '솔로몬'이신 주님은 때때로 감당하기 힘든 진실을 밝혀줄 칼을 꺼내신다.

사랑에 눈멀었다는 사람들의 말은 맞는 말이다. 사랑은 또한 귀머거리요 벙어리나 하는 어리석은 짓일 수도 있다. 하나님께서는 우리가 볼 수 없고 보지도 못할 것들을 보여주셔야 할 의무를 지신다.

우리는 서툴고 감정에 이끌린 결정을 내리기 때문에 하나님의 자비가 아니면 훗날 더 큰 피해를 볼 수도 있다. 그래서 가지치기가 필요한 것이다.

가지치기는 당신의 마음을 땅으로 곤두박질치게 할 수도 있고 모든 것을 다 잃은 것처럼 아프게 할 수도 있지만 장기적으로 놓고 보면 이 모두는 당신의 선을 위함이다.

좀 더 확실하게 말해 보겠다. 지나가버린 모든 사랑의 관계가 진실하지 않았으므로 하나님의 가지치기가 필요하다는 말이 아니다. 나는 단지 지금 우리가 생각해 볼 수 있는 가능성들을 지적하고 있다.

시간은 위대한 폭로자라는 사실을 기억하라. 방금 우리가 논의했던 점이 당신의 상황에 맞지 않는다고 생각한다면 받아들이지 않아도 좋다. 하지만 위의 논의를 수긍할 수 있다면 당신의 잃어버린 관계 속에 하나님의 보호하시는 손길이 있었다는 사실을 믿고 평안을 지키라.

그러면 당신은 더 속히 치유됨을 누릴 것이다.

상한 마음을 치유하시는 예수님 ▌

상한 마음은 다양한 상황 속에서 일어날 수 있다.

사무엘하 3장을 보면 발디엘이라는 한 남자 이야기가 나온다. 그는 사울의 딸 미갈을 아내로 취했던 사람이었다. 여기서 문제는 사울이 이미 그 전에 미갈을 다윗에게 아내로 주었다는 데 있었다. 사울과 다윗의 지루한 갈등이 지속되는 동안 사울은 정치적인 이득을 꾀하는 동시에 분풀이로 미갈을 발디엘에게 주었다.

다윗은 자신의 아내를 되찾기 위해 발디엘에게 사신을 보내어 미갈을 돌려달라고 했고 그들은 미갈을 데리고 왔다. 이 때 발디엘은 미갈을 보내지 못하고 계속 따라왔다.

"그 남편이 저와 함께 오되 울며 바후림까지 따라 왔더니"(삼하 3:16)

예수님은 상한 마음을
'싸매 주시기' 위해서
기름부음 받으셨다.
예수님께서 당신의 상처를
어떠한 방법으로
'싸매실까?'를 기대하라.

그래서 다윗의 사신 가운데 한 사람이었던 아브넬은 몸을 돌려 그를 치면서 "돌아가라!"고 말해야만 했다. 비록 발디엘과 미갈의 관계가 하나님의 뜻 아래 예정된 것은 아니었으나 그의 마음은 상처를 입었던 것이다.

당신의 마음이 부서질 때에도 한 가지 반가운 소식이 있음을 기억하라. 당신 마음의 상처를 둘러싸고 있던 상황이 무엇이었든지 간에 예수님께서는 당신을 치유하길 원하신다는 것이다.

예수님은 상한 마음을 '싸매 주시기' 위해서 기름부음 받으셨다. 그렇다면 상한 마음의 호텔에 이제 그만 값을 치르고 나와 다시금 회복되고 즐거운 마음으로 살아가야 한다. 예수님께서 당신의 상처를 어떠한 방법으로 '싸매실까?'를 기대하라.

당신이 상한 마음을 안고
어디로 가는지 주의해서 보라

상한 마음은 일종의 절박한 상황이기 때문에 우리는 그 고통을 없애려고 절박한 수단을 찾기도 한다.

"… 마음의 근심은 심령을 상하게 하느니라"(잠 15:13)

슬픔에 찬 마음은 심령을 상하게 하고, 상한 마음이 주는 고통은 견딜 수 없다. 그렇기 때문에 이를 치유하기 위해서 우리는 처절하게 다친 마음을 안고 가지 말아야 할 곳으로 가고 싶은 유혹에 끌리기도 한다.

그러나 다음의 몇 가지 예들은 결코 도움이 되지 않는 선택들이니 조심해야 한다.

첫째, 약물에 의존하는 것

상한 마음의 상처를 잊으려고 약물이나 알코올 등에 의지하는 사람들이 많이 있다. 그러나 약물이나 술의 힘을 빌려 상한 마음을 가라앉히려는 시도는 마치 불 속에 기름을 붓는 짓이나 다름없다. 그것은 일시적일 뿐 그 시간이 지나고 나면 오히려 더 괴로움만 남게 된다. 상한 마음이 사라지는 것이 아니라 이전보다 더 심하게 마음 속에서 소용돌이치게 된다.

둘째, 상한 마음을 부인하는 것

팔을 다쳤을 때 이를 무시하고 아무렇지 않게 행동할 수 없듯이 상한 마음도 결코 부인할 수 없다. 혹여 상한 마음이 주는 고통을 표면 아래로 덮어두고 잊어버리려고 할지도 모르겠지만 그것은 마치 뚜껑을 열면 언제나 튀어나오는 인형처럼 언젠가는 또다시 튀어나올 것이다.

치유로 향하는 중요한 단계 중 하나는 정직하게 당신 마음을 들고 하나님께 나아가는 것이다.

셋째, 다른 사람에게 달려가거나, '다시 예전의' 관계 속으로 들어가는 것

이것은 당신 마음에도 평안을 주지 않으며, 아픈 마음을 겪고 있는 당신을 건져줄 것이라고 믿고 선택한 사람에게도 옳지 못한 행동이다. 얼마 못 가서 진실은 밝혀질 것이고 다시 관계를 이어보려는 시도는 예전에 당신이 했던 경험을 반복하는 결과만을 남긴다. 그래서 당신은 관계를 다시 이어보고자 했던 바로 그 지점으로 되돌아가 다시 상한 마음으로 홀로 남겨진다.

넷째, 정신없이 바쁘게 살면서 상한 마음을 분산시키려는 것

이러한 행동은 단지 상한 마음이 못 나오게 입구만 막아보려고 애쓰는 것일 뿐이다. 바쁜 삶은 상한 마음을 치유하지 않으며 치유할 수도 없다.

좀 잠잠해진 듯했던 고통은 환하게 켜졌던 불이 꺼지면 금새 튀어나오고, 그러면 당신은 고통 속에 있는 자신과 단둘이 남게 된다.

당신은 상한 심령을 참을 수 없다. 상한 심령은 반드시 치유되어야 한다.

위의 사항들이 결국 실패로 가는 길이라면, 상한 마음이 일어날 때 우리는 무엇을 할 수 있을까?

이사야 61장 1절 말씀을 다시금 생각해 보자.

> "주 여호와의 신이 내게 임하셨으니 이는 여호와께서 내게 기름을 부으사 … 마음이 상한 자를 고치며(싸매주며)"

이 말씀은 예수님께서 부서지고 상한 마음을 대하시며 어떤 일을 행하시는지를 묘사하고 있다. 그분은 자신의 임재 속에서 상한 마음을 봉하시고, 그의 보호 속에 덮으시며, 마치 의사가 부러진 다리에 붕대를 감아주듯 감싸주신다.

그리고 지혜로운 자들이 들어야 할 말이 있다. 우리가 진정한 치유와 회복을 경험하고자 한다면 그분의 말씀에 순종함으로써 하나님께 나아가야만 한다. 치유로 향하는 길목은 다음과 같다.

첫째, 상한 마음을 안겨 준 관계 속에 죄가 결부되어 있다면 진실로 회개하라.

《넘어짐의 은혜》(Broadman & Holman, 2002)에서 베스 모어Beth Moore는 다음과 같이 말했다.

"당신이 한 번도 죄를 회개한 적이 없다는 사실을 깨달았는가? 그렇다면 온 힘을 다하여 회개하라. 그분은 당신을 물리치지도 않으시며 버리지도 않으신다. 그분은 평안을 주시기 위해서 지금까지 당신을 기다리고 계셨다."

예수 그리스도께서 붙들고 계심을 당신이 깨닫고 그 진실을 더 꼭 붙드는 데 죄책감이 방해가 된다는 사실을 그분은 당신보다 훨씬 더 잘 아신다. 회개하라.

둘째, 당신의 부서진 마음을 하나님께 들고 나아가라.

"… 그 앞에 마음을 토하라 하나님은 우리의 피난처시로다"
(시 62:8)

하나님께 고백하는 말은 다른 사람들에게 전해질 염려도 없고 시간과 장소에 구애를 받지도 않는다. 당신의 마음을 가장 잘 알고 계신 분은 하나님이시다. 하나님께 거짓없이 숨김없이 자신의 마음을 쏟아놓으라. 하나님께서 귀 기울여 주시고 위로해 주실 것이다. 하나님은 마음이 상한 자들의 유일한 피난처이시다.

다윗은 "여호와는 또 압제를 당하는 자의 산성이시요 환난 때의 산성이시로다"(시 9:9)라고 고백했다. 산성이라는 단어는 절벽 또는 그 밖의 높고 접근할 수 없는 장소를 의미하는 단어에서 파생됐다.

상한 마음을 하나님 앞에 가지고 나아가면, 그분께서는 치료하시고 또한 우리를 바위 사이에 숨기시어 공격과 더 큰 피해에서 안전하게 지키신다.

상한 마음을 하나님 앞에 가지고 나아가면, 그분께서는 치료하시고 또한 우리를 바위 사이에 숨기시어 공격과 더 큰 피해에서 안전하게 지키신다.

셋째, 당신의 영혼을 하나님의 말씀으로 적시라.

다윗은 "여호와의 율법은 완전하여 영혼을 소성케 하고 …"(시 19:7)라고 선포하였다. 당신 마음을 치유하는 데 하나님의 말씀이 얼마나 중요한지 아무리 강조해도 지나치지 않다.

하나님의 말씀은 모든 사람을 회복시킬 능력이 있기 때문에 다윗은 여호와의 말씀을 완전하다고 표현했다. 지금 당신이 읽고 듣고 보는 것과 당신이 관계 맺는 사람들은 5년 후에 당신이 어느 곳에 서 있을지를 결정한다.

하나님의 말씀을 매일 읽어라. 특별히 당신의 마음이 부서지고 상하는 순간에는 더욱 그리 하라.

넷째, 치유의 과정을 거치는 동안 인내하라.

성경 속에서 우리는 두 가지 종류의 치유를 찾아볼 수 있다.

그 하나는 혈루증을 앓고 있던 여인이 고침을 받은 것처럼 즉시 일어나는 치유이고, 다른 하나는 나아만 장군이 요단강에 일곱 번 몸을 잠그었을 때 비로소 문둥병을 고침받은 것처럼 어느 단계를 지나고 나야 일어나는 점진적인 치유이다.

때때로 당신 마음 속의 고통이 영원히 사라지지 않을 것만 같은 시기가 있을테지만 조금만 기다려 보라. 나아만 장군처럼. 그러면 그 고통은 결국 사라질 것이다.

당신의 고통은
당신만의 사무엘을 탄생시키기 위함이다

한나는 엘가나라 하는 남자와 혼인하였는데 그녀에게는 아이가 없었다. 엘가나의 다른 부인인 브닌나는 아들과 딸을 낳았지만 한나는 아이를 낳지 못했다. 그러자 브닌나는 그를 심히 격동하여 번민케 하였다(삼상 1:6).

자신의 힘으로 어찌 할 수 없는 일 때문에 끊임없이 고통을 받는다면 이는 너무나도 견디기 힘든 일일 것이다. 하지만 한나는 이 모든 고통을 참아냈다.

엘가나의 가족은 레위인으로서 매년 시론의 성막으로 순례를 떠나 여호와의 집에 올라가 경배와 제사를 드렸다. 한나는 이 순례 가운데 한 날을 택하여 조용한 장소로 가서 하나님 앞에 자신의 마음을 쏟아 놓았다.

"한나가 마음이 괴로와서 여호와께 기도하고 통곡하며"(삼상 1:10)

한나는 절박한 심정으로 하나님께 아들을 허락해 달라고 구했다. 그리고 하나님께서 아들을 허락하시면 그의 삶을 평생 하나님을 섬기는 데 사용하도록 바치고, 그의 머리에 삭도를 대지 않겠노라고 서원하였다.

성막의 문설주 곁에서 한나를 보고 있던 제사장 엘리는 한나가 술에 취했다고 생각하였다. 그런 취급을 받으면서도 한나는 "저는 술에 취하지 않았으며 원통함과 격동됨이 많음을 인함이라"고 겸손히 엘리에게 고했다.

> *내가 고통스러워 울고 하나님 앞에 나아가 구하였을 때 하나님은 나에게 나만의 사무엘을 잉태할 수 있도록 해 주셨고, 그 고통은 나에게 사무엘을 주시기 위함이었다.*

그러자 엘리는 한나에게 "평안히 가라 이스라엘의 하나님이 너의 기도하여 구한 것을 허락하시기를 원하노라"고 축복하였다.

그리고 얼마 후, 한나는 사무엘을 가지게 되었고 그는 훗날 기름부음 받은 제사장이요 이스라엘의 사사가 되었다.

한나의 마음이 얼마나 상했는지는 물어볼 필요도 없다. 이러한 고통 가운데서 한나는 부서진 마음을 안고 마땅히 가야할 곳으로 바로 나아가 하나님의 인도하심 속에서 '깨지고 부서졌다.'

여기 한 가지 놀라운 사실이 있다. 하나님께서는 당신만의 사무엘을 보내 주시기 위해 당신을 고통스럽게 만드셨을 수도 있다. 하나님께서는 고통에서 선을 이끌어내실 수 있으며 마땅히 그렇게 하실 것이다.

한나는 자신의 처지를 비관하며 분노하여 결국 남은 생애를 비참하게 마칠 수도 있었다. 하지만 한나는 그렇게 하지 않고 하나님을 향해 나아가 하나님 앞에서 철저하게 부서졌다.

그러자 하나님께서는 한나의 고통을 보시고 어루만져 주시며 사무엘을 선물로 주셨다.

　지난날을 되돌아보면 내가 고통스러워 울고 하나님 앞에 나아가 구하였을 때 하나님은 나에게 나만의 사무엘을 잉태할 수 있도록 해 주셨고, 그 고통은 나에게 사무엘을 주시기 위함이었음을 알 수 있다.

　한나는 하나님 앞에 나아가 기도하고 난 후 가서 먹고 얼굴에 다시는 수색이 없었다. 이처럼 하나님께 나아와 기도하고 마음을 내려놓고 나면 하나님께서 응답해 주실 것을 믿고 기쁜 마음으로 나아가길 바란다.

사람을 의지하지 말라

　　　　　　　하나님의 응답하심을 믿고, 하나님께 구하고, 죄를 회개하고, 하나님의 말씀으로 무장하고, 고통을 인내하는 가운데 당신의 고통은 치유되어 갈 것이다.

　여기에서 모든 마음의 상처를 헤치고 나아가는 데 당신에게 도움을 줄 방법을 하나 더 소개하고자 한다.

　타인들이 우리 삶의 테두리 안으로 들어올 때에는 몇 가지 목적이 있다. 몇몇 사람들은 특정한 이유에서, 또 다른 사람들은 시기에 따라, 그 외에 다른 사람들은 삶을 위한 목적으로 우리와 함께 한다.

　지난날을 뒤돌아보면 단지 짧은 기간 동안 내 삶에 들어와 머물다

간 사람들이 있었다. 그들은 대개 기도의 응답이었거나 또는 절박한 도움을 구할 때 그 자리에 있던 사람들이다.

이러한 사람들은 관계보다는 일종의 이유를 띠고 보냄을 받은 자들로서 때로는 방향을 제시해 주기도 하고 때로는 격려의 말 한 마디를 건네기도 하였다.

그들은 일단 임무를 수행하고 나면 대개 자기의 삶으로 돌아간다. 어쩌면 지금 이 순간 바로 내가 당신에게 '이유'의 사람이 된다고 말할 수 있을지도 모르겠다.

또 어떤 사람들은 시기에 따라 내 삶에 들어왔다. 실제로 대부분의 관계는 같은 시간을 함께 하게 되는 사람들인 시간의 범주 안에 속한다. 이 유형의 관계는 이유가 있는 관계보다는 오래 지속된다.

여기에는 우정, 연인 관계, 사업 관계 등이 속한다. 또는 자녀 양육이나 취미, 영적인 목적 달성 등의 상호 이해관계가 낳은 결과로 빚어진 관계도 포함된다. 그것이 어떤 관계이든지 간에 우리는 그 사람들과 연결되어 그들에게 마음을 연다.

같은 시간을 함께 하는 사람들은 우리가 인간으로 성장하는 데 중대한 역할을 담당한다. 그들이 떠나는 시점에 우리 영혼에는 영원히 지워지지 않는 흔적이 남는다. 우리가 자각하지 못할지라도 그들의 인생관, 고난 대처 방법, 개인적 강점과 약점 등이 우리가 어떤 사람이 될지에 부분적으로 영향을 미친다.

졸업, 취직, 이사 등 우리 삶의 시기가 바뀌듯이 우리의 '시기적인' 관계도 변한다.

"천하에 범사가 기한이 있고 모든 목적이 이룰 때가 있나니"(전 3:1)

마지막으로 삶을 위하여 형성되는 특별한 관계들이 있다. 일생 동안 지속되는 이 관계에는 배우자, 자녀, 그리고 하나님께서 허락하시는 보기 드문 우정 관계 등이 있다. 이러한 관계 속에는 그 어떤 개인적인 목적도 없고 그 관계 이면에 다른 동기도 없다. 이런 관계들은 조건없는 수용 관계라고 할 수 있다.

성경에는 "친구는 사랑이 끊이지 아니하고 …"(잠 17:17)라고 기록되어 있다. 인생을 완전히 망친 사람이라 할지라도, 그와 평생을 함께해 온 친구는 그에게 다가와 "우리 가서 커피나 한 잔 하자"라고 말할 수 있다.

평생 지속되는 관계들은 모든 폭풍우를 이겨낸다. 이 관계 속의 사람들은 그 어떤 일이 일어난다 할지라도 늘 그 자리에 머문다.

잠언 18장 24절에는 일생 동안 함께하는 사람들을 다음과 같이 묘사하였다. "… 어떤 친구는 형제보다 친밀하니라."

우리는 위의 관계들을 구분할 줄 알아야 한다. 이유가 있어 나타난 사람들과 시기에 따라 나타나는 사람들을 혼동할 때, 그리고 시기에 따라 나타나는 사람들과 평생 함께 하는 사람들을 오판할 때 우리는 종종 마음에 상처를 받는다.

한 관계의 목적이 무엇인지 헷갈릴 때 우리는 상처를 받게 된다. 영원하리라고 믿었던 관계가 어느 날 갑자기 끝나버릴 때 당신은 무엇을 할 것인가? 시기에 따라 등장하는 사람들이 오가고, 때로 고통스러운 작별을 해야 할 때 당신은 어떻게 대처하는가?

나도 이러한 관계들을 제대로 구별하지 못하고 심하게 상처를 받은 적이 있다. 상대방이 나와 관계를 맺는 목적이 내가 생각했던 바와 다를 때에는 심한 마음의 상처를 입기도 한다.

마음의 상처 호텔에서 이제 그만 나오고 싶다면 사람을 의지하지 말고 하나님만을 의지하는 방법을 배워야만 한다.

"너는 마음을 다하여 여호와를 의뢰하고 네 명철을 의지하지 말라"
(잠 3:5)

단순하게 들리는 성경 구절일지도 모르지만, 나는 이제야 비로소 내 삶 속에 사람들이 들어오고 나갈 때 이 말씀과 같이 진실로 그분을 의뢰한다고 말할 수 있을 것 같다.

'당신의 명철'은 당신이 매달리지 말아야 할 때 매달리게 만들고, 떠나지 말아야 할 때 떠나게 만든다. 당신 자신의 명철은 '이유가 있어서' 다가온 사람이 당신과 평생 지속될 관계를 맺을 것이라고 착각하게 만든다.

사람들은 당신을 떠나기도 하지만 하나님은 결코 당신을 떠나시지 않는다. 그러니 이제 마음의 응어리를 다 풀고 당신의 삶을 살아라.

사탄이 소망 없는 곳으로 당신을 끊임없이 끌고 가도록 내버려 두지 말라. 당신 발의 먼지를 털어버리고 앞으로 나아가라. 이 다음에 무엇이 기다리고 있을지 당신은 전혀 알지 못하지만 이미 그곳에는 하나님이 계시다는 것을 명심하라.

생각해 볼 문제 ·

1. 가슴 아픈 관계 때문에 현재 마음에 상처를 입었는가? 그렇다면 어떻게 대처하고 있는가?

2. 하나님께서 당신 삶에 보내신 여러 사람들(이유가 있어서 오는 사람, 시기에 따라 오는 사람, 그리고 평생을 함께할 사람) 가운데 한 명이라도 제대로 호명할 수 있는가? 각 사람들에게 무엇을 배웠으며, 지금은 무엇을 배우고 있는가? 이 모든 상황 속에 하나님의 손길이 있음을 보는가?

5

무시무시한 실패의 얼굴

이에 베드로가 예수의 말씀에 닭 울기 전에 네가 세 번 나를
부인하리라 하심이 생각나서 밖에 나가서 심히 통곡하니라
(마 26:75)

실패란 큰 실수를 저지르고 나서 그 경험에 값을 치를 수 없는
사람이 저지르는 것이다.   _ 작자 미상

누구나 실패하면서 살아간다

숨이 멎도록, 기가 막힐 정도로 실패해 본 일이 있는가? 그 상황에서 당신이 무언가 달리 행동을 했었다면 결과가 달라질 수도 있었다는 점에 충격을 받곤 하는가? 다른 사람의 시선과 판단이 두려워 숨어 있는가? 시간을 되돌려 실패를 저질렀던 당신의 과거를 바꾸는 데 백만 달러가 든다면 그 돈을 기꺼이 지불하겠는가?

당신은 결혼이나 사업에 실패해 비틀거리고 있을지도 모르겠다. 시험에 합격하지 못해 자신감을 잃고 헤매고 있을지도 모르겠다. 당신이 겪은 실패가 무엇이든지 간에, 혹 천지가 뒤바뀔 만큼 큰일이 아니었다 하더라도, 여전히 그 실패들은 악취를 풍긴다.

사실상 몇몇 사람들에게 실패는 너무도 지독해서 전혀 회복될 가망이 없는 문제로 남는다.

역사를 통틀어 실패에서 자유로웠던 사람은 오직 한 명, 나사렛의 예수님뿐이었다.

인류 전체는 아담의 실패 아래에서 세상으로 들어왔다. 이는 유전과 행위 모두의 실패였다. 완벽한 사람은 아무도 없다. 잘못을 저지르는 것은 실로 인간적이다.

실패는 결정적인 것도 아니며 치명적인 것도 아니다. 하지만 당신이 허락한다면 실패는 당신을 넘어뜨리고 당신을 우울과 절망의 나락으로 미끄러지게 만들 것이다. 실패는 당신을 후퇴하도록 만들고 어마어마한 상실감을 안겨 줄 것이다. 최악의 경우 실패는 당신의 시선을 과거에 붙잡아 두어서 용서의 하

실패는 당신의 시선을 과거에 붙잡아 두어서 용서의 하나님께서 당신께 베풀고자 하시는 미래로 가지 못하도록 방해한다.

나님께서 당신께 베풀고자 하시는 미래로 가지 못하도록 방해할 수도 있다.

실패했는가? 그래도 괜찮으니 당당하게 나와서 실패했다고 말하라. 울고, 통곡하고, 베개를 던지고 목청껏 소리를 질러라. 그리고 내키는 대로 초콜릿, 아이스크림을 먹고 파티도 벌이면서 실패를 잊고 극복해 보아라.

실패했다는 사실 자체는 이제 더이상 중요한 문제가 되지 않는다. 당신은 이미 일어난 일을 바꿀 수 없다. 실패했다는 것을 부정하려고 하지 말고 인정하고 실패하고 난 뒤의 충격을 완화하도록 노력해야 한다.

당신이 넘어져서 무릎이 까졌다면, 그 피부를 다시 덮을 수는 없다. 소독을 하고 치료를 하여 상처가 덧나지 않도록 해야 하는 것이다.

실패를 했다면 실패 자체를 받아들이지 못하고 고민스러워 할 것이 아니라 앞으로 어떻게 대응할 것이며, 어떻게 대처해 나가야 할지를 고민해야 한다.

나도 살면서 몇 차례 실패를 겪었고 여전히 그것에서 다른 쪽으로 빠져나오는 과정 중에 있다. 충분한 휴식도 없이 오랫동안 쌓인 스트

레스, 그리고 내가 적절하게 대처하지 못해서 발생한 불쾌한 일들 속에서 나는 여러 차례 잘못된 결정을 내린 바 있다.

그 결과 손실은 이루 헤아릴 수 없이 커져만 갔다. 그래서 과연 내가 다시 일어나서 삶을 제대로 살기나 할 수 있을지 걱정스러웠던 때도 있었다.

과거 시점으로 돌아가서 내가 저지른 실수를 바꿀 수만 있다면 나는 내 인생에서 몇 년 정도를 잘라낼 수도 있을 것 같다.

실패의 무시무시한 정체를 맛보고 나서 나는 살아남기 위해 몇 가지 가치있는 교훈들을 배워야 했다. 본 장에서는 그 혹독한 시련에서 내가 얻게 된 몇 가지 중요한 교훈들을 나누고자 한다.

적을 과소평가하지 말라 ▮

우리 영혼의 대적인 사탄은 매우 공격적인 태도로 우리와 맞서고 있다. 그리스도인으로서 우리는 맹렬한 전투 속에 살고 있으며, 이 위협은 높아만 간다. 그 악한 자는 당신을 끊임없이 저주하려 들며, 당신이 앞으로 나아가지 못하도록 수단과 방법을 가리지 않고 방해한다.

사탄이라고 해서 빨간 옷을 입고 다닌다거나 머리에 뿔을 단 채 갈고리를 들고 다니지 않는다. 그는 때로는 교묘하게 자신을 위장하기도 하고 때로는 냉정하고 무자비한 모습을 그대로 드러내기도 한다. 그는 단 하나 하나님의 자녀들이 비참한 삶을 살면서 결국에 파멸하는 모습을 보고 싶어 한다.

예수님께서는 사탄을 이렇게 묘사하셨다.

> "도적이 오는 것은 도적질하고 죽이고 멸망시키려는 것뿐이요 …"
>
> (요 10:10)

당신이 하나님의 뜻을 따라 전진하고자 마음을 잡으려 하면 적은 과거의 실패를 이용해서 당신의 미래를 앗아갈 것이다.

뿐이요 라는 단어를 주의 깊게 보길 바란다. 사탄이 나타나는 유일한 목적은 무엇인가? 누군가에게서 소유물을 빼앗고, 살인하며, 파괴하려는 것뿐이다.

나를 가장 격분시키는 점은 어떻게 적이 마치 모든 일을 이루어줄 것인 양 위장하여 우리를 꾀어낸 다음 본색을 드러내 굴복시키고 무자비하게 정죄하고 나락 속으로 빠뜨리느냐 하는 것이다.

이렇게 만들기 위해 그가 사용하는 가장 사악한 방법은 바로 당신이 과거에 얽매이도록 하는 것이다.

당신이 하나님의 뜻을 따라 전진하고자 마음을 잡으려 하면 그는 불현듯 나타나서 "네가 해 놓은 것 좀 봐라!" 하고 말한다. 당신이 실패한 그 지점에서 다시금 회복하려고 할 때 그는 다시 나타나서 "네가 다 망쳐 놓은 거 아니냐! 그렇게 어리석은 잘못을 저지르느라고 다 탕진한 게 아니냐!"라며 큰 소리를 친다.

정죄는 그의 미끼이며, 비난은 그의 갈고리이다. 그리고 당신의 완전한 패배는 그가 품고 있는 최종적인 목적이다. 당신이 허락한다면 적은 과거의 실패를 이용해서 당신의 미래를 앗아갈 것이다.

실패의 막연하고 갑갑한 길을 통과해 나가는 일은 까다로울 수도 있다. 실상 당신은 실패에 따르는 위험한 장애물인 모든 실패에 불가피하게 따르는 정죄와 죄책, 후회와 자기 처벌이라는 마음 속의 악마를 통과해야 한다.

두 가지 종류의 실패

내가 배웠던 또 다른 중요한 교훈은 실패에는 두 가지 서로 다른 종류가 있다는 점이다.

첫째, 실수로 인한 실패이다.

이런 실패는 특정한 형태가 있을 수도 있다. 건강을 관리하는 부분에서나 일자리를 제의받을 때, 재정 면에서 계산 착오를 일으켰다거나 잘못된 의사결정을 내려서 얻는 실패가 그 예이다.

이러한 실패 가운데에는 최선의 노력을 다했지만 결국 공들여 쌓은 탑이 눈앞에서 와르르 무너지는 장면을 보았던 때와 같은 시나리오로 진행되는 것도 있다. 이제 당신은 그 모든 환상이 무너진 잿더미 위에 서 있으며, 당혹스러움을 느낄 수도 있다.

그러면서 도대체 무엇을 잘못했기에 실패한 것인지 의아해 하거나, 어떻게 당신의 계산에서 오류가 날 수 있는지 이해하지 못할 수도 있다. 어쩌면 당신은 그 문제를 놓고 기도를 드렸을지도 모른다. 다른 여러 가지 선택할 대안들이 있었지만 그 가운데 선택한 바로 그것이 제대로 성사되질 못한 것이다.

당신의 실패에 누군가 다른 사람의 개입이 있었다면 이 시나리오는 더 풀리기 어렵다.

또한 당신이 잘못한 것이 없음에도 불구하고 오는 실패도 있다.

당신의 사업 파트너가 자신이 감당하고 책임져야 할 것들에서 나머지를 계산해 보더니 당신을 저버리고 말았다. 당신의 배우자는 회복 단계에 들어섰던 결혼 생활을 위해 노력할 마음이 조금도 없는 듯 문을 열고 나가버렸다. 반항적인 아이는 기강을 잡아보려는 당신의 노력에 콧방귀를 끼면서 대신 파괴의 '넓은 길'을 선택했다.

어떤 실패이든 모든 실패와 연관된 어려움 속에서 찾아볼 수 있는 긍정적인 부분은 그것이 결과적으로 가져오는 상실이 얼마나 큰가에 따라 결정된다.

상실이 상당히 크다면 절망과 패배로 빨려 들어가고 싶은 유혹에 휩싸이게 된다.

"무엇을 위해 또 시도한단 말인가? 아무 소용없는 짓이야. 난 너무 심하게 넘어져 버렸어. 그 누구도 이런 상황에서는 다시 일어설 수 없다구!"

이렇게 말하게 된다. 그러나 이것은 진실이 아니다.

하나님께서 실수를 저지르도록 허락하지 않으셨다면, 당신은 아무것도 배울 수 없다. 실패에서 아무것도 배우지 못한다면 당신은 그 실패를 또 반복할 것이다.

당신에게 한 가지 물어보겠다. 하나님께서 당신이 실수를 저지르리라는 사실을 미리 아신다고 생각하는가? 모르신다고 생각하는가? 당연히 아신다.

하나님께서는 그 어떤 것에도 놀라지 않으신다. 당신이 값비싼 대가를 치를만한 실수를 저질렀을 때 하나님께서 "저 아이가 저런 짓을 했다니, 믿을 수 없어. 정말 충격적이구나!"라고 말씀하실 것 같은가?

당신이 실수를 저지를 때 하나님께서는 이미 당신이 계산 착오를 할 것임을 알고 계셨다. 그렇다면 왜 실수하도록 내버려 두셨는가?

당신은 의아해 할지도 모르겠으나 거기에는 이유가 있다. 바로 하나님께서 실수를 저지르도록 허락하지 않으셨다면, 당신은 아무것도 배울 수 없기 때문이다. 실패의 고통을 겪어내야만 그 경험 속에 있는 새로운 것을 배울 수 있는 것이다.

실패에서 아무 것도 배우지 못한다면 당신은 그 실패를 나중에 또 반복할 것이다. 당신이 실패 속에서 백기를 들고 항복한다면 당신은 끊임없이 과거 속에 얽매인 채 살아가는 비극적인 선택을 하게 된다.

건강한 선택권은 오직 단 한 가지이다. 실패를 들고 하나님께 가서, 그분께서 당신의 힘과 소망 그리고 자신감을 회복시키시도록 도움을 요청하는 것이다.

둘째, 죄로 인한 실패이다.

도덕적인 연약함 때문에 일어나는 실패이기도 하고, 또는 이단과 같은 잘못된 교리에 미혹되어 저지른 실패이기도 하다.

당신의 실패는 알코올이나 약물 중독으로 이어지기도 하고 또 다른 물질에 의존하게 만들기도 한다. 그 이유가 무엇이 됐든지 간에 이런 종류의 실패는 죄와 연관되고, 죄로 인한 실패는 더 큰 정죄로 가는 문을 열어 주기 때문에 당신 양심의 깊은 수준까지 영향을 미친다.

> "믿음과 착한 양심을 가지라 어떤 이들이 이 양심을 버렸고 그 믿음에 관하여는 파선하였느니라"(딤전 1:19)

양심이 얼마나 강력한 힘이 있는지 알 수 있겠는가? 죄책감을 느끼는 양심을 품고 있다면 당신의 영적인 배는 암초로 향할 수밖에 없다. 그래서 바울은 "… 나도 하나님과 사람을 대하여 항상 양심에 거리낌이 없기를 힘쓰노라"(행 24:16)고 말했다.

죄책감을 느끼는 양심은 당신이 하는 모든 일에 영향을 미친다. 바로 이러한 이유에서 사도들은 모든 영적인 우선순위 가운데에 깨끗한 양심을 포함시켰던 것이다.

당신이 죄책감을 느끼게 되면 하나님과의 사이에서 평화가 깨진다. 다른 이들 앞에서 하나님을 말하고 싶은 욕구도 사라진다. 그리고 당신 삶을 위해 그분께서 계획하시는 미래에 대한 벅찬 마음도 사라진다. 그리고 기쁨마저도 사라진다. 또한 하나님을 경외하는 마음이 변하여 부자연스럽게도 그분과 그분의 심판을 두려워하게 된다.

> "사랑하는 자들아 만일 우리 마음이 우리를 책망할 것이 없으면 하나님 앞에서 담대함을 얻고"(요일 3:21)

죄책감은 마치 도둑과 같아서 당신이 귀하게 여기는 모든 것을 조목조목 앗아가면서 당신에게 비난을 퍼붓는다. 수치심의 구름 속에 숨어 있는 동안 기도 생활, 성경 공부, 다른 그리스도인들과의 교제, 그리고 하나님을 대할 때의 담대함을 모두 빼앗아 간다.

그러므로 양심에 거리낌 없이 행하기를 힘써야 한다.

하나님은 이미 용서하셨다

실패가 죄와 관련되어 있을 때 하나님께 회개하고 나면 죄책감이 싹 사라질 것이라고 생각할지도 모른다. 그러나 늘 그런 것은 아니다.

죄책감이라는 도둑은 우리가 용서받고 난 이후에도 우리를 정죄하면서 더 교묘하게 쳐들어올 때도 있다. 그 도둑은 예수님의 피가 이미 성취한 일이 무엇인지 우리가 이해하지 못하게 함으로써 이런 일을 벌인다.

죄가 관여된 실패에서 빠져나와 진실된 회개를 했을 때 사탄은 무방비 상태인 우리 마음에 다음과 같은 말을 뿌린다.

"네가 그 죄를 저지르지만 않았어도 하나님은 너를 용서해주셨을 텐데, 너는 너무 지나쳤어."

그리고 여기 또 다른 말을 덧붙인다.

"회개하면 뭐해. 회개하고 나서 또 죄를 짓는 것을. 네가 그 죄를 반복적으로 저지르지만 않았어도 하나님은 너를 용서하시고 축복하셨을 거야. 그렇지만 넌 하나님이 더이상 참지 못하시도록 만들었어."

이런 말들을 다 기록해 보자면 한도 끝도 없다.

사탄이 가장 바라는 것은 믿는 자들이 은혜를 오해하도록 만드는 것이다. 사탄은 우리가 은혜를 둘러싼 진리를 생각할 때 부분적으로 이해하지 못하도록 만들려고 한다. 그러면 지옥의 정죄와 괴로움으로 들어가는 문은 여전히 활짝 열린 채로 남아 있을 것이다.

더불어 우리는 항상 "…이기만 했어도!"라는 말이 부리는 횡포 아래에서 살게 될 것이다. 이유인즉 '노력에서 얻은 의로움(우리의 행함으로 하나님의 오른편에 선다)'을 주장하는 사람들은 우리의 구원은 부분적으로 행위에 달려 있다고 제안하기 때문이다.

이 유혹에 빠지면 당신은 결코 축복 받을만한 사람이 못된다는 것을 각인하게 된다.

내가 이 부분을 기록하면서 좀 낡고 붉은 빛이 감도는 선글라스를 썼다. 덕분에 이 순간 내가 보는 모든 것은 붉은 색이다. 모든 사물이 눈에 보이긴 하지만 붉은 빛을 띠는 것이다. 선글라스를 벗지 않는 한 이 사실에서 피할 수 없다.

내가 기르는 개를 보아도 붉은 색이요, 가구며 마당 그리고 하늘과 심지어 지금 사용하고 있는 이 컴퓨터까지 모두 붉게 보인다.

이처럼 하나님께서는 우리를 당신의 아들이라는 선글라스를 쓰고 보신다. 그렇기 때문에 우리가 어떤 잘못을 했어도 사랑으로 보시게 되고 용서하시게 되는 것이다.

> "하나님이 죄를 알지도 못하신 자로 우리를 대신하여 죄를 삼으신 것은 우리로 하여금 저의 안에서 하나님의 의가 되게 하려 하심이니라"(고후 5:21)

'하나님의 의가 되게 하려 하심이니라' 고 기록되었다는 사실에 주목하길 바란다. 하나님께서는 오직 예수 그리스도의 보혈을 통해서만 당신을 보신다는 사실을 기억하라.

이것이 하나님께서 당신을 보시는 유일한 길이며 이 사실에는 그 어떤 군더더기도 더할 수 없다.

이 이야기가 너무도 기본적인 말씀으로 들릴 수도 있다. 하지만 보혈로 구속된 하나님의 자녀들이 하나님께서 이미 용서하신 것을 두고 여전히 스스로 '남긴 정죄' 때문에 얼마나 많이 쓸데없이 힘든 싸움을 하고 있는지 아는가?

보혈로 구속된 하나님의 자녀들이 하나님께서 이미 용서하신 것을 두고 여전히 스스로 '남긴 정죄' 때문에 얼마나 많이 쓸데없이 힘든 싸움을 하고 있는지 아는가?

실패한 지점에 서서 우리의 길 되짚어보기

엘리사를 따르던 생도들을 하나님께서 축복하시사 그들이 거하던 곳이 좁아지게 되었다. 그래서 그들은 요단으로 가서 나무를 잘라 거할 처소를 세우고자 하였다.

> "선지자의 생도가 엘리사에게 이르되 보소서 우리가 당신과 함께 거한 곳이 우리에게는 좁으니 우리가 요단으로 가서 거기서 각각 한 재목을 취하여 그곳에 우리의 거할 처소를 세우사이다 엘리사가 가로되 가라"(왕하 6:1~2)

그리고 그들은 엘리사에게 함께 갈 것을 부탁을 하였다.

> "그 하나가 가로되 청컨대 당신도 종들과 함께 하소서 엘리사가 가로되 내가 가리라 하고"(왕하 6:3)

엘리사의 허락으로 그들은 즐겁게 휘파람을 불면서 숲을 지나 차갑고 거친 요단강을 향해 힘차게 나아갔다. 얼마나 이상적인 상황인가, 참으로 이보다 더 좋을 수 없었다.

뚝딱! 뚝딱! 선지자 생도들은 즐거워하면서 자신들의 임무를 수행하였고 나무들이 넘어졌다. 흥분이 최고조에 다다랐을 때, 원기 왕성

했던 한 생도가 도끼를 강하게 휘둘렀는데 이 때 문제가 발생했다.

> "한 사람이 나무를 벨 때에 도끼가 자루에서 빠져 물에 떨어진지라"(왕하 6:5)

당황한 생도는 "내 주여 이는 빌어온 것이니이다"하며 걱정스럽게 말했다. 엘리사 선지자는 늘 그랬듯이 차분한 태도로 떨고 있는 생도에게 "어디 빠졌느냐"고 물었다.

구약 성경에 나오는 엘리사와 그의 선지자 생도들의 이 아름다운 이야기는 영적인 의미와 함께 더욱 빛난다.

잃어버린 도끼 예화는 우리의 마음과 영혼의 '날카로움(예민함)'을 보여주는 강력한 비유이다. 여기서 도끼란 마음과 영혼의 예리함을, 날카롭고 선명한 영적 분별력을 통해서 현명한 의사결정을 하는 것을 나타낸다.

손에서 도끼를 놓쳤을 때, 도끼를 놓친 생도 자신보다 더 놀란 사람은 아무도 없었다. 그는 하나님께서 일하고 계신 한 가운데에서 실패를 경험했다. 그는 아마 이렇게 생각했을 것이다.

"도끼가 그렇게 느슨하게 될 동안 왜 몰랐을까? 도끼가 손에서 빠져나갈 거라고 왜 생각하지 못했을까? 왜 그 모든 경고 신호들을 놓쳤던 걸까? 왜 충분한 시간을 들여서 도끼의 상태를 제대로 점검하려고 하지 않았을까? 이제 다 잃어버렸구나!"

그러나 엘리사는 그 종에게 "어디 빠졌느냐?"고 물었다. 이것은 죄가 관여된 모든 실패를 두고 우리가 자문해야 할 정확한 질문이다.

"어디 빠졌는가?"

당황스럽기만 했던 그 종은 요단강 어디쯤으로 도끼가 빠졌는지 대충 판단해 보면서 자신이 마지막으로 도끼를 휘두르던 시점을 돌이켜 생각했다.

이 생도가 밟았던 생각의 과정은 내가 굉장히 잘못된 결정들을 내렸을 때 그 지점에서 다시 생각하도록 하는 하나님의 방법과 정확히 일치한다.

하나님께서 내게 "제프, 그것이 어디 빠졌느냐? 그 미혹의 길로 너를 이끌고 갔던 그 첫번째 단계는 무엇이었느냐? 언제 그리고 어떻게 너의 생각이 그렇게 미혹되기 시작했느냐?"하고 물으신다.

하나님께서는 당신도 이와 마찬가지로 다루신다. 당신이 처음으로 잘못된 결정을 내렸던 지점이 있었고, 거기서부터 조금씩 다른 방향으로 나아가 하나님의 뜻과는 먼 지점에 이르게 됐다. 이 일이 어디서 발생했는지 정확하게 짚어볼 필요가 있다.

이 작업을 매우 중요시하는 이유가 여기 있다. 당신이 처음으로 하나님의 뜻에서 벗어났던 때에, 닫혀 있어야 할 문은 열려 있었다. 특히나 그 실패가 죄와 연결되어 당신을 얽어매는 상황이었다면 더욱 그러했다.

도끼를 처음 잃어버린 바로 그 장소로 되돌아가라고 말한 것은 그 생도가 회복할 수 있도록 이끌어 준 것이다. 이러한 과정을 거치면 사탄이 몰래 열어두려고 했던 문은 닫히게 되고, 당신은 문제들을 정리하고 자유를 누리면서 다시금 미래로 나아갈 수 있다.

　이러할 때 과거를 재평가하는 것은 앞으로 나아가기 위한 발판을 마련하는 일이다.

당신이 처음으로 잘못된 결정을 내렸던 지점이 있었고, 거기서부터 조금씩 다른 방향으로 나아가 하나님의 뜻과는 먼 지점에 이르게 됐다. 이 일이 어디서 발생했는지 정확하게 짚어볼 필요가 있다.

　엘리사가 도끼를 되찾으려고 했던 일은 우리가 실패에서 회복되어 우리의 '날카로움(예민함)'을 되찾기 위해 해야 할 일과 정확하게 동일하다.

　일단 도끼가 물에 빠져 사라진 지점이 어디였는지 그 장소를 찾고 나서 그 선지자는 막대기 하나를 잘랐다. 그리고는 그것을 요단강의 도끼가 사라진 바로 그 지점을 향하여 던졌다. 기적적으로 도끼가 수면 위로 올라왔다. 이 장면은 역사상 철로 된 도끼가 스티로폼처럼 물 위로 둥둥 뜬 유일한 순간이었다.

　엘리사는 그 생도에게 "취하라"고 명령했다. 그 생도는 안도의 기쁨을 누리며 "손을 내밀어 그 도끼를 취했다."

　구약 성경은 신약 성경의 진리를 보여주는 여러 유형의 예화들로 가득하다. 예리한 도끼가 사라진 바로 그 지점에 엘리사는 나무 막대기를 던졌다. 나는 이 시점에서 그리스도의 십자가를 보지 않을 수 없다.

당신이 마음과 영의 예민함과 날카로움을 되찾고 싶다면 그 모든 것을 잃어버린 지점에 십자가를 대동하라. 당신의 고통, 환상, 분노, 수치, 좌절, 배신감 그리고 푹 가라앉은 마음까지 모두 싸들고 십자가 앞으로 나아가라.

보혈이 흐르는 십자가를 통하여 우리가 넘어지는 실패의 순간순간마다 그리고 그 이후에 경험하는 고통스러운 결과에까지 하나님의 치유의 능력이 임한다.

우리가 낡고 울퉁불퉁한 그 십자가 가까이로 나오는 이유는 오직 하나이다. 자신의 완전한 실패를 깨닫고 삶을 변화시키는 하나님의 기준을 수용하기 위함이다.

고통 속에서 다시 일어나 살아가려면 하나님 앞에 나의 있는 그대로의 모습으로 나아가야 한다. 그리고 십자가를 통해 용서와 치유를 받아야 한다.

십자가를 통한 용서와 치유를 받기 위해 예수님께 자신의 모든 마음을 열어드리고 나면 사라져 버린 줄로만 알았던 당신의 날카로운 분별력은 다시금 나타날 것이다.

마치 그 무거운 도끼가 엘리사가 보는 앞에서 표면 위로 떠올랐듯이, 당신의 예민함도 당신의 영혼 표면 위로 기적적으로 솟아오를 것이다.

그런데 이런 일이 일어나더라도 아직 당신이 해야 할 일은 남아있다. 엘리사는 "취하라"고 말했다. 뿌리가 되는 문제를 표면 위로 드러내 보여주시는 일은 하나님께서 해 주실 수 있지만 그것을 취하는 것은 당신 몫이다.

달리 말해서 다시 일어나라! 당신이 저지른 실패가 실수로 인한 실패였든 아니면 죄로 인한 실패였든지 간에, 더이상 주저앉아 있으면 안된다. 하나님께서 당신 영혼 속에 일으키신 치유 안에서 다시 걷기 시작해야 한다.

가장 용서하기 힘든 사람

잠시 멈추어 서서 가장 가까이에 있는 거울 앞에 한 번 서 보아라. 그리고 거울에 비춰진 당신 모습을 한 번 보라. 무엇이 보이는가?

"어디 보자, 정말 주름살 제거는 좀 해야겠네!" 또는 "진짜 내 코는 언제 봐도 못 봐주겠다니까"라고 말할지도 모르겠다. 또는 거울을 한 번 슬쩍 보고는 "역시 멋지군"하고 말할 수도 있겠다.

이 모두는 다 평범한 반응이지만 지금 이 순간만큼은 좀 다른 방향에서 보자.

다시 거울을 천천히 살펴보아라. 그러면 아마 거기에는 세상에서 가장 용서하기 힘든 사람이 서 있을 것이다.

그러나 우리는 우리 자신을 용서해야 한다. 나 자신을 용서하지 않는다면 이는 타인을 용서하지 않는 불순종과도 같다.

예수님께서는 용서에 대해 몇 가지 교훈
을 주셨다.

"너희가 사람의 과실을 용서하면 너희
천부께서도 너희 과실을 용서하시려니
와 너희가 사람의 과실을 용서하지 아니하면 너희 아버지께서도 너
희 과실을 용서하지 아니하시리라"(마 6:14~15)

수많은 사람들은 타인을 용서해야 함을 배우면서 살아가지만 정말
중요한 자신을 용서하는 법은 배우지 못하고 있다.
하나님께서 이미 용서하신 자신을 스스로 용서하지 못하면서 살아
간다. 그들은 절대로 자기를 놓아주지 않는다. 당신 자신을 용서하
라! 거울을 보고 숨을 깊게 들이마시고 "○○야, 너를 용서할게!"라고
말하라.

자, 이제 우리의 적이 사용하는 또 다른 사악한 사슬을 살펴보러 가
보자. 외상적인 경험을 과거에 겪어본 일이 있거나, 현재 그 외상으로
말미암아 과거에 계속 묶여 있는가? 모든 소망을 품고 계신 하나님께
서 당신을 자유케 하실 수 있는 열쇠를 손에 들고 계시다는 진리를 다
음 장에서 찾게 될 것이다.

생각해 볼 문제

1. 당신의 예민함을 잃어버린 적이 있었는가? 그리고 그것은 영원히 회수할 수 없다고 느껴본 적이 있는가? 그렇다면 그리스도와 함께 손을 잡고 처음 발을 잘못 디딘 그 장소로 가보라.

2. 당신은 회개했고 하나님께서 당신을 용서하셨다는 사실을 알면서도 죄책감과 정죄가 남아 있는가? 하나님은 당신을 용서하셨으니 이제 당신이 당신 자신을 용서할 차례이다.

무시무시한 실패의 얼굴 **127**

6

충격 속에 발이 묶여

내가 피곤하고 심히 상하였으매 마음이 불안하여 신음하나이다
(시 38:8)

하나님은 우리의 기쁨 가운데 속삭이시며 우리의 양심에
조근 조근 말씀하시지만, 우리가 고통 가운데 있을 때에는
큰 소리로 외치신다.　　　　　_ C. S. 루이스C. S. Lewis

믿는 자들에게도 환난은 온다

　　　　　　　오직 하나님께서만이 꿰매실 수 있는 것이 몇 가지가 있다. 삶이라는 스웨터에는 골짜기가 너무 깊고 산이 너무 높으며 위험이 너무 크고 죄가 너무도 어두워서 우리가 다시 매만지기에는 너무 힘든 순간들이 있다. 하지만 하나님께서는 능하신 자비의 손으로 은혜의 실을 엮으시어 나 혼자는 절대로 가보지 못할 길을 가도록 인도해 주신다. 이것이 바로 구원이다.

　삶을 뒤바꿀만한 충격적인 경험으로 말미암아 당신이 과거에 발이 묶여 있을 때 바로 구원이 필요한 것이다.

　웹스터 사전에서는 외상trauma을, "때때로 지속적인 효과를 나타내는 신체적 부상이나 충격, 정서적인 충격"이라고 정의하고 있다. 퇴역군인 협의회Vetaran s Affairs에 따르면 전쟁에서 살아남은 사람들은 전쟁의 외상을 겪는 동안, 또는 그 직후에 일어난 정신적, 정서적, 신체적 고통을 지금도 동일하게 경험한다고 한다.

　그때 겪은 사건을 생각하거나 그 사건들의 이미지를 보게 되면 조마조마한 기분을 느낀다거나 외상을 경험하던 때에 나타났던 신체적 감각들이 동일하게 나타나는 등의 여러 증상들을 보인다. 우울, 절망, 허탈감에 빠지게 되고, 잠자거나 집중하는 데에도 어려움을 겪고 있는 것이다.

　그리스도인들이라고 해서 외상 경험을 겪지 않는 것은 아니다. 예수님께서는 미리 앞서 "세상에서는 너희가 환난을 당하나 담대하라 내가 세상을 이기었노라"(요16:33)고 말씀하셨다.

《바인의 신·구약 종합 단어 사전》(Thomas Nelson, 1985)에서 '환난tribulation'은 그리스어인 thlipsis에서 유래되었다고 하는데, 이 단어는 '압력, 억누르는 것, 영혼에게 짐을 지우는 모든 것'이라는 의미이다.

스트롱의 《성경 용어 사전》에는 이에 덧붙여, '압제, 곤란, 고뇌, 핍박' 등이라고 설명하고 있다. 이 모든 것들을 한데 모아보면 환난에 담겨 있는 비탄을 볼 수 있다.

하지만 환난도 우리가 몸담고 살아가는 세상의 일부이므로 피할 수가 없다. 예수님께서는 그의 재림이 가까워질수록 환난은 더욱 커지기만 할 것이라고 예언하셨다.

> "이는 그때에 큰 환난이 있겠음이라 창세로부터 지금까지 이런 환난이 없었고 후에도 없으리라"(마 24:21)

다른 해설의 성경에는 환난tribulation(KJV)이라는 단어를 '핍박persecution(TLB)', '크나큰 비참함great misery(PHILLIPS)' 또는 '가혹한 괴로움terrible trouble(GNT)'이라고 번역하고 있다.

환난은 쉽게 말해서 외상trauma과 동의어라고 할 수 있다.

하나님의 자녀들이 왜 고통을 겪는가 하는 진부한 물음에 나는 절대로 대답을 하지 않겠다. 다만 예수님께서 자신의 백성들에게 많은 환난의 고통을 겪을 것이라고 말씀하셨고, 또한 우리가 무슨 일을 만나든지 그 환난을 극복해낼 힘을 주시겠노라 약속하셨다는 것을 기억하라고 권하고 싶다.

다윗은 "의인은 고난이 많으나 여호와께서 그 모든 고난에서 건지시는도다"(시 34:19)라고 고백하였다.

내가 여기에서 강조하고 싶은 것은 과거에 초점을 맞추는 건강하지 못한 우리의 시각을 옮겨 눈앞에 펼쳐져 있는 더 큰 그림을 바라보자는 것이다.

인생에서 가장 큰 충격 ▍

많은 사람들에게 너무나도 익숙한 세 가지 외상적 사건들을 살펴보면 다음과 같다.

첫째, 배우자와의 사별

룻기는 한 가족이 말할 수 없는 고통을 견디면서 보여준 사랑의 말씀으로 나오미라 하는 여인과 그의 며느리 룻의 이야기이다.

이 이야기는 성경의 역사 속에서 왕의 시대가 개막되기 이전에 사사들이 이스라엘을 통치하던 시기에 일어났던 일이다. 기드온이라

하는 유명한 사사가 다스리던 때에 기근이 이스라엘 온 땅에 퍼졌다.

그래서 나오미의 남편인 엘리멜렉은 나오미와 그의 두 아들을 데리고 모압 땅으로 가서 10년을 살았다.

모압에서의 어느 날, 나오미의 마음은 상처로 도미노처럼 무너져 내렸다.

남편 엘리멜렉이 죽고 오르바와 룻이라는 모압 여인들과 혼인을 한 두 아들 말론과 기룐마저 죽었다.

남편과 두 아들을 모두 잃고 이제 나오미에게는 며느리들만이 남게 되었다. 나오미와 두 며느리는 모두 찢어지는 마음의 상처를 안게 되었다.

〈미국 정신의학 저널〉에는, "배우자의 죽음은 한 사람의 인생에서 가장 스트레스가 큰 사건이며, 사별은 잘 알려진 대로 건강에 위험을 주는 요인이다"라고 언급되어 있다. 이 내용이 게재된 기사에는 다음과 같은 보고가 실려 있다.

"새롭게 실시된 한 연구에서는 장기적인 정신적·신체적 문제들은 '외상적 상실'로 고통받는 사람들에게서 훨씬 더 심하게 나타난다. 외상적 상실은 아주 깊은 정서적 외상을 나타내는 정신적 상태로 배우자의 죽음으로 촉발될 수 있다."

이렇듯 나오미와 두 며느리는 매우 심한 충격을 입고 큰 환난을 당한 것이다. 그리고 나오미는 집안의 모든 남성이 사망함으로써 재정적으로도 불안정하였다. 이렇게 되자 나오미는 다시 고향으로 되돌아가기로 결심했는데, 오르바는 모압에 계속 남고 룻은 나오미를 따라갔다.

둘째, 불필요한 사고

그날은 정말 화창하고 선선했던 1985년의 어느 수요일 여름날이었다. 피츠버그Pittsburgh는 그 어느 날보다도 더 아름다워 보였다. 빌Bill은 남자간호사(인공 수혈 장비를 돌려 심장을 개봉한 환자들에게 수술 동안 혈액을 공급하는 의학계의 전문직)로서 하루 업무를 마무리하고 집으로 돌아오던 길이었다.

그와 그의 아내 마르시아Marcia는 항상 바빴기 때문에 될 수 있으면 많은 시간을 함께 보내려고 노력했다.

집으로 오는 길에 그는 동생 집에 들러 잠시 차를 세우고 담소를 나누었다. 그리고는 처가에서 기다리고 있는 마르시아를 데리러 가기 위해 차고 밖에 세워져 있던 자전거를 빌렸다. 자전거에 그리 익숙지 않은 점이 마음에 걸렸지만 그래도 한번 타보겠다고 마음먹고 자전거에 올랐다.

다리로 이어지는 경사로에 다다를 때쯤, 빌은 갑자기 모든 사물이 느리게 움직이는 듯한 느낌을 받았다. 커브 길에서 너무 넓게 돌면서 자전거에 몸을 충분히 기대고 있지 않았던 것이다.

그는 가다가 넘어지면서 오른쪽 어깨가 교각의 대들보에 심하게 부딪혔고 그 즉시 왼쪽 머리를 두번째 대들보에 세게 들이받았다. 자전거는 그의 몸에서 튕겨져 나가 다리 저 아래로 떨어졌고, 빌은 마침내 다리의 한 가운데에 털썩 넘어져 버렸다.

빌은 의식을 회복할 수 없었고, 전혀 거동도 할 수 없었다. 다행히 시간이 흐르면서 점차 몸을 움직일 수는 있었지만 오른쪽 팔은 여전히 꼼짝하지 않았다.

의사는 냉정한 얼굴로 그에게 다시는 오른팔을 사용할 수 없을 것이라고 말해 주었다. 이 일로 빌은 직업은 물론 다른 소망과 꿈들도 모두 잃었다.

15년이라는 긴 시간 동안 빌은 그 외상 경험 때문에 과거에 묶여 우울이라는 어두운 악마와 싸워야 했다.

셋째, 무분별한 비극

19세기 영국의 찰스 해돈 스펄전Charles Haddon Spurgeon은 '설교의 대가'라고 불렸다.

그는 21세 때 고전을 면치 못하던 작은 교회를 담임하면서 목회를 시작하였다. 그의 영혼을 울리는 설교는 사람들의 입소문을 타고 빠르게 번지기 시작하였다. 한때 어려움을 겪었던 교회는 급속도로 부흥 성장하였다. 끊임없이 밀려드는 성도를 위해 교회를 증축하고 더 많은 시설을 갖추어야만 했다.

스펄전은 자신의 설교를 들으러 오는 수많은 성도를 위해 어마어마한 시설들을 빌리면서 믿음의 행보에 박차를 가했다. 때때로 그의 목소리는 '종소리처럼 쩌렁쩌렁 울리는' 듯해서 오디오 장비 하나 없이도 5천~1만 명의 성도들에게 설교를 했다.

어느 날, 이 유명한 설교자는 런던의 유명한 건물인 서레이 뮤직 홀Surrey Music Hall에서 예배를 인도하게 되었다. 한 보고에 따르면 이 역사적인 밤에 참석한 사람은 만이천 명이 넘어 이중 만여 명은 서서 예배를 드렸다고 한다. 그리고 수천 명의 성도들은 문 밖에서 들어오지도 못할 정도였다.

스펄전이 강단으로 올라가 메시지를 전하던 도중, 군중 가운데 한 사람이 갑자기 "불이야!"하고 소리쳤다. 수많은 사람들이 겁에 질려 건물을 빠져나가는 가운데 인명사고가 있었다.

사실 불은 나지도 않았는데 한 사람의 고함으로 말미암아 예배는 엉망이 되고 수많은 사상자가 생기게 된 것이었다.

다음날 아침, 런던 신문에서는 한 예배에 그렇게 많은 사람을 불렀다는 명목으로 그를 비난하고 헐뜯느라 여념이 없었다.

스펄전은 그 사건으로 인해 심한 상처를 입었다. 그는 《내 제자들을 위한 강연》(Baker, 1997)에서 이 괴로웠던 때를 다음과 같이 기록하였다.

"서레이 뮤직 홀에서의 참담한 날 이후로, 그 일은 깊은 어둠의 공포로 다가와 시시각각 나를 괴롭혔다. 나는 말할 수 없을 만큼 짓눌렸고 감당할 수 없을 정도로 휘몰아치는 비참함 속에서 헤어 나올 수가 없었다. 그 소동, 그 공황, 그때 본 그 죽음들은 밤낮을 가리지 않고 내 앞에 나타났고, 내가 살아있다는 사실이 짐스럽게 느껴지도록 만들었다."

15년이라는 긴 시간 동안 빌은 그 외상 경험 때문에 과거에 묶여 우울이라는 어두운 악마와 싸워야 했다.

십자가에 달려 돌아가시는 예수님을 버리고 ▌

위에서 배우자 상실, 불필요한 사고, 그리고 무분별한 비극을 살펴보았다. 이 모든 사건들은 외상을 낳았다.

그들은 그 충격적인 사건의 상처로 인해 과거라는 사슬에 묶여 헤어나오지 못했으며 그 사슬을 끊기까지 많은 시간과 노력을 필요로 했다.

하지만 위의 예들은 예수님을 따르던 열두 제자들이 그리스도의 십자가 사건을 볼 때 겪어야만 했던 고통만큼 괴로운 상황은 아닌 듯하다.

주님께서 상상할 수 없을 만큼 매를 맞고 고대 세계에서 가장 잔인한 고문 장비라는 십자가에 매달려 살해당하는 광경을 보았을 때, 제자들의 마음은 어떠했을까?

그들이 3년 동안 따르던 반석이요, 모든 것을 저버리고 목숨을 걸고 따르던 분이 아니었던가? 그분이 제자들 눈앞에서 온통 피범벅이 되어 핍박당하다가 쓰러지셨다.

그것을 지켜본 제자들의 상처와 환난은 이루 말할 수 없었을 것이다. 게다가 그들은 죄책감이라는 고통까지 더해 이중고를 겪어야만 했다. 그들은 모두 주님께서 그들을 가장 필요로 하셨던 순간에 그분을 저버렸기 때문이다.

"이에 제자들이 다 예수를 버리고 도망하니라"

(마 26:56)

또한 그리스도의 죽음은 그들의 꿈이 사라지도록 만들었다. 예수님은 제자들이 꿈꾸던 더 나은 미래였다. 그들은 예수님을 통하여 치가 떨리는 로마의 압제에서 벗어나 완전히 새로운 평화와 번영의 시대를 맞이하리라 기대하고 있었다.

그러나 예수님은 십자가에 달려 돌아가셨고, 제자들은 그런 예수님을 버리고 무엇을 해야 할지 모른 채 모인 곳에서 문을 닫고 숨어 버렸다.

두렵고 혼란스러워 하면서 베드로와 그 밖의 몇몇 사람들은 심지어 한때 생업이었던 어부의 삶으로 돌아가고자 했다.

십자가에서 돌아가시는 예수님을 본 제자들의 상처와 환난은 이루 말할 수 없었을 것이다. 죄책감이라는 고통까지 더해 이중고를 겪어야만 했다. 주님께서 그들을 가장 필요로 하셨던 순간에 그분을 저버렸기 때문이다.

엠마오라는 장소

예수님께서 죽은 자 가운데서 부활하신 바로 그날, 기운을 잃은 두 사람이 예루살렘을 빠져나가는 먼지가 이는 길을 따라 천천히 걸어가고 있었다. 그들 가운데 한 명은 글로바라 하는 사람이었고 다른 한 명의 이름은 알려지지 않았다.

최근에 일어난 사건들 때문에 그들의 마음은 괴롭기만 했다. 그들은 외상과 죄책감이라는 양날이 선 검을 품고 고군분투하고 있었다.

"우리는 이 사람이 이스라엘을 구속할 자라고 바랐노라"(눅 24:21)

예수님께서 어떻게 그렇게 비극적이고 비참한 최후를 맞이하실 수 있단 말인가? 그들의 소망은 환상 속에서 처참히 무너졌고, 마음은 산산이 깨졌다.

그들에게는 이제 쉼과 묵상, 그리고 상처를 싸맬 장소가 필요했다. 그래서 그들은 예루살렘에서 7마일 정도 떨어진 작은 동네인 엠마오로 가고 있었다.

엠마오는 우리가 더이상 견딜 수 없다고 느끼는 고통스러운 상황이 닥쳤을 때 피신하는 장소를 대표한다. 우리에게는 호숫가의 별장 또는 나를 아는 사람이 아무도 없는 다른 동네, 무인도처럼 아무도 없는 곳이 엠마오가 된다.

엠마오에서는 그 누구도 우리의 이름을 부르지 않는다. 우리는 엠마오라는 '장소'에 가려는 것이 아니라, 고통을 다룰 해답을 찾아 떠난다. 우리 생각이 "위기야!"라고 소리 지르고 우리 마음이 "짐이 너무 무거워!"라고 외칠 때 우리는 엠마오로 향한다.

"나의 말이 내가 비둘기 같이 날개가 있으면 날아가서 편히 쉬리로다"(시 55:6)

바로 이 순간에도 많은 사람들이 엠마오와 같은 어딘가로 떠나 숨어버리고 싶다는 생각을 할지도 또는 이미 떠나 있을지도 모르겠다. 만일 당신의 상황이 이와 같다면 책을 주의 깊게 읽기 바란다. 이번 장은 특별히 당신을 위한 것이다.

우리가 엠마오로 가는 것을 굉장한 도전으로 여기는 데는 한 가지 이유가 있다. 우리는 대개 '무거운 짐'과 '마음의 장소' 사이에서 갈팡질팡하게 되고, 그래서 어디로 갈지 몰라 엠마오로 가는 것이다.

여기서 '무거운 짐'이란 대개 강한 정서적 고통을 뜻하는 반면 '마음의 장소'란 우리의 열의를 뜻한다.

우리를 산산이 부서지게 했던 그 무언가에 마음을 온통 쏟지 않았다면 굳이 엠마오로 갈 이유가 없었다. 무엇인가를 깊이 신뢰하고 있었는데 그것이 무너졌거나 사라졌거나 또는 그것을 잃어버릴 일촉즉발 위기의 순간이 되면, 우리는 대개 서둘러 엠마오로 가려고 길을 서두른다.

즉 우리가 무언가에 열광적으로 마음을 바쳐 소중히 간직하던 것들은, 무슨 이유에서인지 우리를 강하게 끌어당겨 우리를 거기서 피할 수 없게 만든다.

갈등의 요인은 어떤 한 사람이 될 수도 있고, 사업 거래나 목회 상황, 또는 자신이 품었던 목적이나 꿈이 될 수도 있다. 이유가 무엇이든지 간에 우리의 온 마음과 꿈이 관여되었던 것이 사라질 때 그것은 우리를 벼랑 끝으로 몰고 가기에 충분하다.

엠마오에서 경험하는 전형적인 어려움은 바로 우리가 사랑하는 것을 잃음으로 인해 모든 것을 포기하고 싶다는 생각과 그럼에도 불구하고 나를 보호하고 다시 서야 한다는 생각의 사이에서 줄다리기이다.

'이런 날도 있는 거지 뭐' 하고 그냥 물러날 것인가? 이 모든 문제들이 있더라도 미래를 향해 나아갈 것인가? 아니면 '더이상 버틸 수 없다. 나는 이 고통을 감당할 수 없다' 하고 어둠 속에 묻힐 것인가?

> "내 심령이 속에서 상할 때에도 주께서 내 길을 아셨나이다"
> (시 142:3)

다윗의 고백처럼 우리는 어디로 가야할지 모르지만 그 순간에도 예수님은 내가 가야할 길을 알고 계신다.

나는 최근에 나만의 엠마오를 통과하는 경험을 했다. 마치 한밤중에 식은땀으로 범벅된 채 악몽에서 깨는 듯한 여러 사건들을 거치면서 나는 상상할 수도 없었던 배신감을 맛보았다.

몇 년 동안이나 나와 매우 가깝게 지내던 사람들, 그리고 평생 친구라고 생각했던 이들이 정말은 그렇지 않았다는 사실을 발견하게 된 것이다. 강하고 순탄할 때에는 누가 진정 나와 가까운 사람인지 알 수 없다는 뼈아픈 진실을 배웠다.

당신을 둘러싸고 있는 이들이 진정 당신에게 어떤 존재인지 알게 되는 순간은 당신이 무방비 상태이고 그저 그런 연약한 인간임이 드러난다. 그러나 장기적으로 봤을 때 이러한 상황은 나에게 유익하였다. 하지만 그 당시는 내 평생을 두고 가장 견디기 힘들었던 고통스러운 시간이었다.

나는 1년 동안이나 이 문제를 두고 고심해야 했다. 나는 또한 내 안에 있는 엠마오로 후퇴하였다. 내 외적인 상황들은 내 속에 있는 영혼 상태를 반영하였다.

나는 정서적으로 충격에 휩싸여 있었다. 주일에 설교를 하면서 또는 이따금씩 친구들과 함께 점심을 나누면서 엠마오에서 빠져나올 수 있었다. 고통은 너무도 컸지만 나는 내가 할 수 있는 한 최선을 다하여 일하려고 노력했다. 하지만 무언가 내 속에서 나를 잡아 끌고 있었다. 하마터면 그 사실 때문에 모든 것을 그만두고 목회를 접을 뻔하기도 했다.

엠마오에서는 세 가지 유령이 나를 공포에 떨게 했는데 나는 그것을 3D라고 부른다. 아마 당신도 3D를 본 적이 있을 것이다. 이 세 가지는 환상, 실망 그리고 절망이다.

- 앞으로 벌어질 일이라고 생각했던 일이 발생하지 않았다.
  – 환상Disillusionment
- 당신이 믿었던 사람이 알고 보니 당신이 생각했던 바와 달랐다.
  – 실망Disappointment
- 당신이 추구하는 방향을 따라 가지만 결국 그것은 먼 길을 돌아가는 것이었다. – 절망Despair

우리 마음이 현재 부딪힌 문제에 많이 쏠려 있기 때문에, 엠마오에서 만나는 위의 3D는 전면적으로 '우리의 삶을 뒤흔든다.' 심장을 통째로 제물로 내놓을 만큼 온 마음을 다 바쳐 믿었던 것이 당신 눈앞에서 무너져 내리는 광경을 보는 상황은 그야말로 '영혼의 지진'이 벌어지는 순간이라고 할만하다.

엠마오는 소용돌이 치는 장소일 수도 있다. 자기 자신에게 어려운 질문들을 던져야 하기 때문이다.

온 마음과 정성을 쏟았던 일에 무언가 큰 문제가 발생했다고 하자. 이것은 단순히 넘어갈 일이 아니다. 이러한 상황에서 엠마오 경험은 우리가 반석이라고 항상 여겨 왔던 것들을 다시금 평가하도록 만든다.

나의 엠마오 경험 가운데 '영혼의 지진'을 일으키게 한 요인은 바로 인간관계의 문제였다. 나는 이 시간을 보내면서 엠마오에 있는 도둑 가운데 하나인 '비난'과 씨름했다.

이 과정에서 나는 사람들의 행동과 동기가 진실한가를 물으려고 노력했다. 죄를 사하는 예수님의 보혈이라든가 성경의 진실성과 같은 절대적인 진리는 결코 질문하지 않았다. 오히려 내가 평가했던 것은 교회 안에서 살아가는 문제에 관한 내용이었다. 이 문제는 너무 어려워서 마치 무언가가 나를 산 채로 갉아먹는 듯한 느낌이 들었다.

하지만 엠마오 경험 그리고 우리를 엠마오로 가게 만드는 문제들은 모두 매우 고통스럽지만, 멀리 내다보았을 때 결국 우리에게 좋은 역할을 한다. 우리가 올바르게 반응한다면 말이다. 엠마오에서 우리는 진정으로 중요한 것을 배울 수 있다.

　조용한 공간에서 문을 걸어 잠그고 있는 동안 엠마오는 우리의 꿈, 소망, 포부를 진리의 채로 걸러내고, 오직 하나님만이 그 자리에 계시도록 해준다. 우리는 엠마오에서 나침반을 재설정하여 하나님의 목적으로 향하는 새로운 길을 발견하게 된다. 현명하게 대처한다면 우리는 새롭고 신선한 목적을 세우고 엠마오에서 나올 수 있다. 그러니 용기를 내길 바란다.

　지금 이 순간 엠마오를 경험하고 있다면 조금만 더 참으라. 곧 당신 마음의 문을 똑똑 두드리는 소리를 듣게 될 것이다. 그러면 그분을 마음 속에 모시고 그와 함께 새롭게 다시 시작하면 되는 것이다.

엠마오에서 경험하는 전형적인 어려움은 바로 우리가 사랑하는 것을 잃음으로 인해 모든 것을 포기하고 싶다는 생각과 그럼에도 불구하고 나를 보호하고 다시 서야 한다는 생각의 사이에서 줄다리기이다.

엠마오에서 나오려면?

　엠마오로 향하고 있던 실의에 빠진 여행자 두 명 앞에 어디에선가 낯선 사람이 접근하였다. 그는 부활하신 예수님이었는데, 그들은 예수님을 알아보지 못했다.

　"저희의 눈이 가리워져서 그인줄 알아보지 못하거늘"(눅 24:16)

그 두 사람이 경험하고 있던 그 내적인 괴로움을 예수님께서는 알고 계셨다. 예수님께서는 그들이 고통 가운데 있을 때 찾아오셨다.

방금 전에 당신 마음의 문을 두드리는 소리를 듣게 될 것이라고 말했던 것을 기억하는가? 다 아시면서도 모르시는 듯 예수님께서는 "너희가 길 가면서 서로 주고받고 하는 이야기가 무엇이냐"고 물으셨다.

그 두 사람은 슬픈 빛을 띠고 머물러 서서 예수님께 마음을 털어놓았다. 이것이 바로 엠마오의 첫번째 법칙이다. 하나님께 마음을 모두 털어놓아야 한다.

> "백성들아 시시로 저를 의지하고 그 앞에 마음을 토하라 하나님은 우리의 피난처시로다"(시 62:8)

당신이 뱉는 말 가운데 그 어떤 것도 하나님께는 충격적이지 않다. 당신의 분노, 두려움, 환상, 죄와 후회들까지 그분께 전부 다 아뢰어라. 모두 쏟아져 나오도록 하라. 상한 마음을 다룰 때와 같이 외상을 입었을 때도 이 작업은 당신의 회복을 위해서 매우 중요하다. 당신의 영혼에 덕지덕지 붙어 있는 딱지들이 다 떨어져 나가기 전까지는 하나님께서 당신에게 원하시는 바를 말씀하실 수가 없다.

예수님께 마음을 털어놓았던 그 두 사람은 아마 이렇게 말했을 것이다.

"예수 그리스도라 하는 사람이 당한 일을 생각하면 마음이 너무나 괴롭습니다. 그는 진정 말과 행동에서 능력있는 선지자였습니다. 그런데 대제사장들과 종교 지도자들이 그를 체포하여 로마 정부에 넘겨줬습니다. 그리고 며칠 전에 그분은 십자가에 달려 돌아가셨습니다. 우리는 그분께서 이스라엘을 구원해 주시길 소망했었습니다. 근데 그렇게 허무하게 돌아가셨습니다. 이제 우리는 뭘 해야 할지 모르겠습니다. 그분의 죽음 때문에 우린 모두 충격에 휩싸였습니다."

그들이 그리스도를 두고 이야기할 때 모두 과거형 시제를 사용했다는 점에 주목하라. "그는 선지자였습니다. 그는 십자가에 달려 돌아가셨습니다. 우리는 소망했었습니다 …."

십자가 처형이라는 외상trauma에 묶여 그들의 눈은 과거에만 고정되어 있다. 그들이 다시금 앞으로 나아가기 위해서는 소망을 되찾아야만 한다는 사실을 주님께서는 알고 계셨다.

여전히 그 두 사람은 예수님을 알아보지 못했지만 예수님은 그들에게 말씀을 전하셨다.

> "이에 모세와 및 모든 선지자의 글로 시작하여 모든 성경에 쓴 바 자기에 관한 것을 자세히 설명하시니라"(눅 24:27)

그들은 예수님의 죽음, 장사지냄, 그리고 부활을 두고 성경이 예언했던 모든 명백한 진리들에 사로잡혔다. 자신들이 목격했던 사건이 인류의 구원을 위한 일이었음을 이해하게 되면서 그들의 믿음은 다시금 타올랐다.

그들의 외상trauma을 알고 계셨던 예수님께서는 하나님의 통치와 거룩한 목적, 그리고 그 거룩한 은혜의 넓이가 어떠한지 자세히 설명하심으로써 그들의 고통을 다루셨다.

십자가 처형은 "모든 일을 그 마음의 원대로 역사하시는 자의 뜻을 따라"(엡 1:11) 하나님께서 이루신 일이었다.

이렇듯 말씀을 듣고 있으면 우리의 생각은 방향을 전환하여 하나님께로 향한다. 인터넷이나 잡지를 읽는 데 빠져 시간을 보내지 말라. 지금 당신은 사느냐 죽느냐 하는 기로에 서있다. 마음이 내키지 않더라도 억지로 안간힘을 써서라도 성경을 펴라.

"여호와의 율법은 완전하여 영혼을 소성케 하고"(시 19:7)

수술하는 의사들이 사용하는 메스와도 같이 하나님의 말씀은 우리 영혼의 세세한 부분까지 닿을 수 있도록 특수하게 준비되어 있으며, 현재 진행 중인 외상trauma의 고통을 악화시키는 원인을 제거해 준다.

그들이 엠마오에 거의 다 도착했을 무렵, 예수님은 마치 예술가처럼 자신의 뚜렷한 형상을 그들의 마음 속 캔버스에 새겨놓으셨다. 예수님은 어제의 고통에 맞춰져 있는 그들의 초점을 자신의 최후 승리를 향하도록 바꿔 놓으셨다.

엠마오에 도착했을 때 그 두 제자는 지혜롭게 행동했다. 그들이 만났던 이 낯선 사람은 길을 따라 더 내려가려고 했지만 그들은 "우리와 함께 유하사이다"(눅 24:29)하고 만류하였다.

내일을 위한 선택

여기서 우리는 엠마오 법칙 두번째를 볼 수 있다. 엠마오에 도착했다면 절대로 예수님을 떠나시게 하지 말라. 그분은 당신의 문제가 아니라 당신의 해답이시다.

예수님께서 함께 하시는 엠마오 여행이 아니라면, 당신은 진정한 해결책을 찾기는커녕 고통스러운 사건만을 다시 되새기는 시간을 맞을 뿐이다.

당신은 엠마오에서 우울과 절망의 소용돌이 속에 더 깊이 빠져 들든가 아니면 예수님을 만나든가 둘 중의 하나이다.

엠마오 안에서 당신이 예수님께 어떻게 반응하느냐에 따라 엠마오에서 밖으로 당신이 빠져 나오는 방법이 달라질 것이다. 당신의 엠마오 여정에는 반드시 그분이 함께 하셔야 한다.

마음이 뜨겁지 아니하더냐

엠마오에 도착한 세 사람은 배를 채우기 위해서 잠시 머물러 앉았다. 그 낯선 사람이 빵을 들고 축사하고는 떼어 나머지 두 사람에게 건네주었다. 그 순간 저희 눈이 밝아져 그인 줄 알아보더니 예수는 저희에게 보이지 아니하셨다(눅 24:31).

앞서 낙담하고 실망했던 제자들은 이제 회복되었다. 예수님이 떠나시자 그들은 서로 이야기를 나누었다.

엠마오로 가던 두 제자는
예수님과 함께 시간을 보내며
그분의 말씀을 들음으로써
외상에서 구원받게 되었다.

"… 우리에게 말씀하시고 우리에게
성경을 풀어 주실 때에 우리 속에서 마음이 뜨겁지 아니하더냐"
(눅 24:32)

마음 속 자유가 회복되고 거룩한 열정으로 불타오를 때, 당신이 치유되었다는 사실을 스스로 알 수 있다.

외상trauma은 마치 당신 마음 속 화로에 놓인 차갑고 젖은 나무와 같다. 일단 하나님의 말씀이 당신 영혼을 꿰뚫어 외상trauma이 사라지고 나면, 한때 밝게 타오르던 열정에는 다시금 불이 붙는다. 영적인 욕구가 회복될 때 당신은 돌파구로 빠져 나왔음을 스스로 알 수 있다.

엠마오로 가던 두 제자는 예수님과 함께 시간을 보내며 그분의 말씀을 들음으로써 외상trauma에서 구원받게 되었다. 이 얼마나 간단한 해결책인가! 앞서 충격에 휩싸였던 그 두 제자는 이제 정복하여 충만히 거할 땅을 마음에 품고 엠마오에서 다시 나왔다.

"곧 그 시로 일어나 예루살렘에 돌아가 …"(눅 24:33)

당신이 경험한 외상trauma이 얼마나 심한 것이었는지 나는 알지 못한다. 하지만 충격에 휩싸였던 그 두 제자에게 다가가셨던 예수님께서 당신에게도 동일하게 다가가신다는 사실은 알고 있다.

당신이 그를 알아보지 못할 수도 있다. 어쩌면 그분께서는 다른 사람의 모습으로 당신에게 다가가실 수도 있다. 하지만 그분의 말씀이 당신 영혼에 어떤 작용을 일으키면 당신은 그것이 예수님의 치유라는 사실을 알게 될 것이다.

그분이 원하시는 바는 우리가 그분과 함께 시간을 보내면서 그분의 말씀을 기꺼이 받는 것이 전부이다.

생각해 볼 문제

1. 당신의 외상 경험이 시작되었던 때보다 지금이 더 나아졌는가? 아니면 현재 더욱 괴로워졌는가? 당신의 외상은 무엇인가?

2. 외상을 경험할 때 당신은 '엠마오'로 가본 적이 있는가? 그렇다면 그때 당신의 고통 속에 예수님을 초대해본 적이 있는가?

7

쓴 뿌리로 상한 마음

또 쓴 뿌리가 나서 괴롭게 하고 많은 사람이 이로 말미암아
더러움을 입을까 두려워하고(히 12:15)

사물의 쓰디쓴 것에서 나온 모든 생각은 잠잠해질지어다.
_ 윌리암 워즈워드William Wordsworth

흘려 보내지지 않는 과거

로마법 전통에 따르면, 살인자가 잡히면 그를 피해자의 시체와 함께 묶어두었다고 한다. 그는 희생자의 시체 때문에 몸이 서서히 감염되어 결국에는 죽게 된다. 이는 쓴 뿌리가 어떤 결과를 초래할 수 있는지를 보여주는 생생한 예시이다.

용서하기를 거부함으로써 우리는 다른 이들을 향한 나쁜 감정에 묶여 결국 그 부패함이 우리를 삼키도록 방치한다. 비유적으로 말해서 쓴 뿌리(나쁜 감정, 비통함)가 우리의 죽음을 입증할 때까지 우리는 가는 곳마다 쓴 뿌리의 대상을 지고 다닌다.

조앤Joan은 이전 관계 때문에 깊은 상처를 받았다. 첫번째 남편은 서슴지 않고 폭언을 퍼부었을 뿐 아니라 그녀를 심하게 구타하기도 했는데, 어느 날인가는 술에 취해 분을 이기지 못하고 너무 심하게 때려서 그녀는 몸에 난 상처를 치료하느라 수술을 한 적도 있었다.

그런 학대를 당했다면 누구든지 쓴 뿌리를 품을 수밖에 없을 것이다. 그녀는 만나는 사람마다 자신의 이야기를 수도 없이 반복해서 했다. 때에 따라서는 그녀는 하나님뿐만이 아니라 도움이 되는 다른 사람 앞에서 자신의 힘든 경험을 '털어놓음'으로써 치료의 효과를 보기도 했다.

하지만 10년이 다 되도록 조앤의 쓴 뿌리는 사라질 줄 모르고 문제의 징후를 보였다.

용서하지 않는다면 그들은
결국 그것이 아무런 소용없는
일이란 사실을 깨닫지 못한 채
남은 일생을 원망만 하면서
그 굴레를 벗어나지 못하고
빙빙 돌고만 있을 것이다.

톰Tom은 운동에 뛰어난 소질이 있었다. 그는 풋볼을 좋아했고 또한 능숙하게 했다. 그래서 타고난 쿼터백으로서 일찍이 신인 발굴 담당자 눈에 띄었고 곧 스카웃 제의도 받았다.

그러는 동안 톰은 수잔Susan과 결혼했는데, 그녀는 프로 풋볼 선수의 직업상 여행을 자주 해야 하는 점과 그러한 삶의 방식에 반대했다. 그녀는 톰이 일을 마치고 집에 돌아와 아내, 자녀들과 시간을 함께 보내는 남편이길 바랐다.

이 문제를 둘러싼 갈등은 나날이 커져서 톰은 마침내 아내의 소망을 존중하여 풋볼을 그만두고 사업을 해 보기로 했다. 하지만 그들은 결국 이혼하였고, 운동에 대한 톰의 포부를 실현시키기에는 때가 너무 늦어버렸다.

그 일은 이미 20년 전의 이야기이지만 그는 그 이야기를 하지 않고는 견딜 수 없어했다. 그와 5분 이상 함께 있었던 사람이라면 그의 이야기를 들었을 것이다.

그는 수잔과 자기 자신, 운동, 그리고 무엇보다도 이 모든 일이 일어나도록 놔둔 하나님 때문에 쓴 뿌리를 품게 되었다.

쓴 뿌리는 기쁨의 불을 꺼뜨리고 마음을 어둠 속으로 빠지게 한다. 또한 쓴 뿌리는 그 일을 겪는 희생자의 눈이 얼음처럼 경직되어 과거에만 머물러 있도록 만드는 기이한 재주를 가졌다. 깊은 상처를 입은 과거의 시절에서 삶은 좀처럼 앞으로 나아가질 않는다. 그들은 과거의 분노와 상처에서 자리를 훌훌 털고 나올 수가 없다.

용서하지 않는다면 그들은 결국 그것이 아무런 소용없는 일이란 사실을 깨닫지 못한 채 남은 일생을 원망만 하면서 그 굴레를 벗어나지 못하고 빙빙 돌고만 있을 것이다. 그들의 눈앞에는 고통스럽고 역기능적으로 굴러가는 과거의 똑같은 장면이 계속 재현된다.

이것은 낡은 듯하면서도 놀랍도록 새롭다. 수년 혹은 수십년이 지난 일이라는 점에서 낡았고, 그 사건을 마치 어제 일어난 듯 생생히 기억한다는 점에서 새롭다.

독사와 같은 쓴 뿌리를 조심하라!

동부 텍사스Texas의 소나무 숲을 지날 때는 각별한 주의가 필요하다. 거대한 나무들로 둘러쳐진 그곳은 야생이 살아 있고, 사람들의 손길이 아직 닿지 않은 자연 그대로의 모습을 하고 있다. 숲 사이에는 물이 콸콸 흐르는 시내가 있고, 물이 있는 곳에는 생명이 있고, 그 생명들 가운데는 뱀도 있다.

특히 봄과 여름철에는 뱀이 가득했는데, 살모사나 독사(북미 남부의 늪이나 강에 서식 – 역주)에 한 번이라도 물리면 목숨이 위험했다. 그래서 나는 그곳을 지나는 사람에게 늘 조심하라고 주의를 준다.

독사에 물리지 않도록 조심해야 하듯이 히브리서 기자도 쓴 뿌리를 "조심하라"고 외쳤다. 당신이 밟는 곳을 주의하라, 쓴 뿌리란 독사와도 같다. 당신은 종종 시기가 너무 늦어버렸을 때에야 독사를 발견한다.

실제로 바위 밑이나 키가 큰 풀 아래에 숨은 독사들은 매우 교묘히 위장을 하고 있다. 그 독사들을 보고 "어, 저기 독사 한 마리가 있네. 그냥 물게 놔두지 뭐!"라고 말하는 사람은 단 한 명도 없다. 최선을 다해 피하고 도망을 간다. 한 번 물리면 그 독이 퍼져 큰 고통을 맛보거나 생명이 위험할 수도 있기 때문이다.

독사가 퍼뜨린 독이 우리 몸의 피를 타고 돌아다니듯이, 쓴 뿌리도 우리의 영적인 혈류 속에 독을 주입시킨다. 하지만 실제 독극물과는 달리 영적인 독은 단순히 우리에게 상처를 입힐 뿐만 아니라 다른 이들에게까지 상처를 준다.

바로 이 점을 이야기하면서 《필립 현대 영어 버전 성경》에는 히브리서 12장 15절이 다음과 같이 기록되어 있다.

> "사람에게 쓴 영혼이 일어나서 … 다른 많은 사람들의 삶에 독을 줄 수도 있으니"

쓴 뿌리의 독은 물린 사람에게만 퍼지는 것이 아니다. 나중에는 독에 물린 사람이 다른 사람들에게 독을 퍼뜨린다. 우리에게서 나타나는 내내 못마땅한 얼굴, 찌르는 말들, 그리고 비판적인 태도와 거친 성격이 가까이에 있는 사람들에게 가서 부딪침으로 결국에는 우리 모두의 삶을 비참하게 만든다.

우리와 타인에게 독을 뿌리는 이 쓴 뿌리는 성경이 말하는 무례함offense 또는 우리가 쉽게 말해서 상처라고 하는 것 뒤에 웅크리고 있다.

스트롱의 《성경 용어 사전》에 따르면, 무례함offense이라는 단어는 skandalon(걸림돌)이라는 그리스어를 번역한 것인데 이 단어에서 scandal(추문, 악평)이라는 영어 단어가 생겨났다.

바인의 《사전》에 따르면 skandalon(걸림돌)은 원래 '미끼가 달려 있거나 그 자체가 올가미가 되는 덫의 일부를 지칭하는 말'이라고 묘사된 바 있다.

예를 들어 쥐덫을 말할 때, 치즈가 놓인 조그마한 금속 장치가 그 덫의 'skandalon(걸림돌)'이 될 수 있다. 목표물이 닿으면 덫이 그 목표물을 포획할 수 있도록 그 금속 장치가 자극제의 역할을 한다.

이와 똑같은 방식으로 상처 때문에 일어난 무례함offense은 우리에게 치명적으로 위험한 쓴 뿌리의 덫이 튀어나오도록 만드는 걸림돌이다.

어느 날 집회를 마치고 다른 목사님과 함께 내 차로 가던 길에, 나는 한 일화를 통하여 하나의 죄의 원인이 어디선가 갑자기 나타난다

쓴 뿌리의 독은 물린 사람에게만 퍼지는 것이 아니다. 나중에는 독에 물린 사람이 다른 사람들에게 독을 퍼뜨린다. 단순히 우리에게 상처를 입힐 뿐만 아니라 다른 이들에게까지 상처를 주는 것이다.

는 점과 관련된 더 깊은 이미지를 발견하게 되었다.

잘 차려입은 여인 한 명이 남편과 함께 갑자기 나타나서는 바로 우리 앞에서 중심을 잃었다. 그녀는 팔과 다리를 마구 휘두르더니 숨을 거칠게 내뱉고는 도로 위로 쓰러졌다. 주차장 바닥에 있었던 눈에 띄지 않은 갈라진 틈을 실수로 잘못 디뎠기 때문이었다. 무릎에서는 연신 피가 흘렀고, 당황한 그 여인은 우리의 도움을 받아 절뚝거리면서 본인의 차가 있는 곳까지 갔다.

목사님과 나는 함께 걸어오면서 한 번의 무례함으로 어떤 사건이 발생하는지 방금 우리가 보았던 장면이 완벽하게 재현해 준다는 이야기를 나눴다.

우리는 곧 상처를 입을 것이라는 사실을 알지 못한다. 잘못 내뱉은 말, 불공평한 대우, 상대를 판단하는 시선, 의도적인 냉담함, 거절, 학대 등 이 모든 것들은 전혀 예상치 못할 때 우리를 걸고 넘어뜨릴 수 있다.

죄의 원인이 불러오는 상처는 생각보다 더 깊이 우리 속을 파고 들어간다. 그래서 우리는 "아니 도대체 어떻게 저럴 수가 있지? 저런 말을 하다니! 저런 태도를 교묘하게 보이다니!" 하고 말한다.

그 상처는 우리를 넘어뜨린다. 그리고 넘어짐은 분노로 변하고 분노는 원한으로 변한다. 이 원한이 다루어지지 않고 남겨진 채로 점점 자라난다면 우리 영혼의 땅에 치명적인 쓴 뿌리를 깊게 내리게 된다.

한 번 저지른 무례함이 얼마나 위험할 수 있을까? 바인의 《사전》에서는 무례함offense을 더 자세히 정의하여 "편견을 유발하는 모든 것,

또는 다른 이들에게 방해가 되거나 그들이 나아가는 길에서 넘어지도록 만드는 모든 것"이라고 하였다.

무례한 행위는 이를 당하는 상대방을 그의 영적인 행보에서 헛디디고 넘어지게 만들어 피해자로 만든다. 그리고 피해자는 이러한 상황 속에서 적절하게 대처하지 않으면 하나님과 멀어지게 되고 결국 죄와 파괴 속으로 빠져든다.

따라서 히브리서 저자가 "조심하라"고 외쳤다 해서 놀랄 필요는 없다. 분명 쓴 뿌리의 독사는 발밑에서 거치적거리는 존재이다.

용서는 나를 위한 것이다

쓴 뿌리를 생각할 때 희망이 전혀 없지는 않다. 쓴 뿌리가 계속 남아 있을지 여부는 우리 자신이 결정하기에 따라 달라지기 때문이다.

고통 속에 있는 사람들에게 평안이 없는 것은 용서하지 못하기 때문이므로 당신이 용서하면 그 순간 평안이 찾아온다!

> "너희가 사람의 과실을 용서하면 너희 천부께서도 너희 과실을 용서하시려니와"(마 6:14)

문제는 바로 이것이다. 그 쓴 뿌리가 당신을 붙잡아 과거에 매어 놓도록 얼마나 더 오랫동안 놔둘 것인가? 생각만 해도 당신을 괴롭게 만드는 한 사람이나 또는 여러 사람은 당신이 그들을 용서하기 전까지는 계속 당신의 기억 속에 남아 있을 것이다. 과연 그들이 그럴만한 가치가 있는 사람들인가? 당신을 조종하도록 그들에게 힘을 부여하고 싶은가?

> "너희가 사람의 과실을 용서하지 아니하면 너희 아버지께서도 너희 과실을 용서하지 아니하시리라"(마 6:15)

당신이 용서하고 놓아버리지 않는 한, 당신에게 무례하게 행한 사람은 당신이 하나님과 돈독한 관계를 맺지 못하도록 할 것이며 이것은 당신 삶의 모든 것에 영향을 끼칠 것이다.

육의 생각으로는 원한을 계속 품으면서 내게 상처를 준 사람에게 복수할 기회를 노리고 싶지만 그것은 오히려 나에게 악영향을 주니 나를 위해서라도 그들을 용서해야 하는 것이다.

미국의 영화 〈더러운 해리Dirty Harry〉에서 클린트 이스트우드Clint Eastwood가 맡았던 극중 인물이 한 다음과 같은 매정한 말을 인용하지 못하는 사람은 거의 없다.

"오늘을 한 번 내 일생의 기념일로 만들어 보지Go ahead. Make my day."

이 대사를 통해서 그는 "어디 너 하고 싶은 대로 한 번 해 봐라. 그

럼 내가 매서운 복수의 칼날을 날려 줄 테니!"라는
의미를 던진다.

우리는 이 말을 인용하기를 너무 좋아한다. 하지
만 불행하게도 이 말 뒤에는 자기 파괴의 철학이
웅크리고 있다.

"용서란 나에게 상처 준 사람을 싫어할 권리를
포기하는 것이다"라는 말을 들어본 적이 있는가? 당신은 아마 "뭐 그
말에도 일리는 있겠지만 그것이 말처럼 쉬운가요? 그 사람이 내게 상
처를 줬잖아요. 그것도 아주 깊이 말이에요. 그 사람이 한 짓은 절대
용서할 수 없어요!"라고 말할 것이다.

당신 말도 맞다. 물론 그렇게 생각할 수도 있다. 하지만 당신과 나도
하나님의 용서에 합당치 못한 사람들이었다는 사실을 기억하라. 그럼
에도 불구하고 하나님은 그리스도를 통하여 우리를 용서해 주셨다.

용서의 손을 내밀기란 무척 어려울 수도 있다. 이 사실을 부인할
사람은 없을 것이다. 하지만 장기적으로 보자면 쓴 뿌리를 계속 안고
있는 것이 불러올 결과가 용서하기보다 더 감당하기 힘들다는 것을
기억하라.

쓴 뿌리의 결과 가운데 몇 가지를 나열해 보면 다음과 같다.

✚_

쓴 뿌리는 메이블린Maybelline 화장품이나 캘빈 클레인Calvin Klein
으로도 고쳐 주지 못할 정도로 당신의 표정과 태도에 영향을 끼친다.

육의 생각으로는 원한을 계속
품으면서 내게 상처를 준
사람에게 복수할 기회를
노리고 싶지만 그것은
오히려 나에게 악영향을 주니
나를 위해서라도
그들을 용서해야 하는 것이다.

롯의 시어머니인 나오미가 10년의 세월을 모압에서 보낸 후 며느리 롯과 함께 베들레헴으로 갔을 때, 사람들은 "이가 나오미냐?"라며 소리를 질렀다. 그의 얼굴이 너무나 많이 늙고 상해 있었기 때문이다. 나오미라는 말의 뜻은 '즐거운, 기쁜, 사랑스러운'이다.

이 말을 들은 나오미는 "나를 나오미라 칭하지 말고 마라라 칭하라 이는 전능자가 나를 심히 괴롭게 하셨음이니라"(룻 1:20)고 대답했다.

물론 룻기서 후반부에는 하나님께서 놀라운 채우심으로 롯과 나오미를 회복시키시는 이야기가 나온다. 하지만 룻기서의 시작 부분에서는 나오미의 쓴 뿌리가 그녀를 알아보지도 못할 만큼 변하게 만들었다는 점을 확실히 알 수 있다. 쑥 들어간 두 눈, 얼굴 여기저기에 깊이 팬 주름들, 그리고 슬픔과 절망의 얼굴은 쓴 뿌리가 불러온 선물들이었다.

✚ _

쓴 뿌리는 하나님과 동행하던 길에서 당신을 도태시킨다.

마태복음 6장 15절 말씀을 기억하라.

"너희가 사람의 과실을 용서하지 아니하면 너희 아버지께서도 너희 과실을 용서하지 아니하시리라."

당신의 쓴 뿌리는 당신이 하나님의 용서를 받지 못하도록 한다.

✚ _

쓴 뿌리는 사탄이 공격해 들어올 문을 열어준다.

바울은 고린도 교회에 서신을 보내 이 점을 명시해 주었다.

"너희가 무슨 일이든지 뉘게 용서하면 나도 그리하고 내가 만일 용서한 일이 있으면 용서한 그것은 너희를 위하여 그리스도 앞에서 한 것이니 이는 우리로 사단에게 속지 않게 하려 함이라 우리가 그 궤계를 알지 못하는 바가 아니로라"(고후 2:10~11)

달리 말해서 우리가 용서하지 못할 때 그것은 바로 사탄의 '궤계에 속아 넘어가는' 것이다.

✦ _

쓴 뿌리는 영적인 부정함으로 당신의 가까이에 있는 사람들까지 괴롭게 만든다.

히브리서 12장 15절에 "너희는 돌아보아 … 쓴 뿌리가 나서 괴롭게 하고 많은 사람이 이로 말미암아 더러움을 입을까 두려워 하고"라고 말씀하셨다.

✦ _

쓴 뿌리는 우리 건강에도 해롭다.

현대 의학자들은 비통함(쓴 뿌리)이 신체에 유해한 영향을 끼친다고 입을 모아 말한다. 쓴 뿌리는 동맥 경화, 소화 불량, 정신질환 등을 유발시키며 우리의 건강을 해친다.

시간이나 에너지 어느 쪽에서 보나 쓴 뿌리를 품고 있는 것은 우리에게 전혀 도움이 안된다는 사실이 명백하다. 용서하지 못하는 마음에 한 번 쓴 뿌리가 자리를 잡고 자라나면, 그때부터 그것은 사라지지 않으려고 애쓴다. 그러므로 서둘러 쓴 뿌리를 제거해야 한다.

누구를 용서해야 하는가? ▍

우리가 기꺼이 하고자 마음먹은 일도 실제로 행동으로 옮기기란 쉽지 않기에 용서는 매우 어렵다. 예를 들어 내가 화해를 시도할 때 나를 무례하게 대했던 사람이 동의하지 않을 수도 있다. 또는 몇몇 이유 때문에 지금은 내게 상처를 주었던 사람에게 다가갈 수 없는 상황일 수도 있다.

이런 점들을 고려해 볼 때 다음의 세 가지 중요한 예들은 우리가 누구를 용서해야 하며, 또한 곳곳에 포진돼 있는 여러 장애물을 뛰어넘어 어떻게 용서를 시도해야 하는지 보여준다.

첫째, 용서를 구하지 않는 사람을 용서해야 한다.

한때 평소에 친분이 두터웠던 몇몇 사람들이 나에게 굉장히 무례하게 행동했던 적이 있다. 이 사건에 대해 마음을 툭 터놓고 이야기하고 싶었지만 너무나 실망스럽게도 그들은 화해의 악수를 청하는 내 손을 무관심으로 뿌리쳤다.

당신이 무례함을 당했고, 이 문제를 풀기 위해 다가섰는데 이런 상황이 벌어진다면 당신은 어찌할 것인가? 당신은 화해할 준비가 되었는데 정작 상대방은 용서를 구하기는커녕 협조해 줄 기미조차 보이지 않는다면 무엇을 해야 하는가?

나는 바울이 다음과 같이 기록했을 때 위와 같은 상황을 예견했으리라고 믿는다.

"할 수 있거든 너희로서는 모든 사람으로 더불어 평화하라"
(롬 12:18)

할 수 있거든 이라는 말에 주목하라. 사도 바울은 이런 상황에서도 다른 사람과 화평해야 함을 이야기하고 있다.

우리의 본이 되시는 예수 그리스도께서 십자가상에서 "아버지여 저희를 사하여 주옵소서 자기의 하는 것을 알지 못함이니이다"(눅 23:34)라고 기도하셨던 것을 기억하자. 그 성난 군중 가운데 단 한 영혼도 예수님께 용서를 구하지 않았지만, 예수님께서는 그 모든 사람들에게 용서를 베푸셨다.

당신에게 무례를 범했던 사람이 무슨 짓을 저질렀든지 간에, 또는 지금 어떻게 하고 있든지 간에 당신 마음 속에 쓴 뿌리가 자라도록 그냥 두지 말라. 과거를 뒤로 하고 전진하고자 한다면 반드시 용서해야 한다.

바울은 우리에게 무례하게 했던 이들(용서의 과정에는 협조하지 않는 사람들)을 대하는 데 한 가지 가치있는 방법을 제시해 준다.

> "너희가 무슨 일이든지 뉘게 용서하면 나도 그리하고 내가 만일 용
> 서한 일이 있으면 용서한 그것은 너희를 위하여 그리스도 앞에서
> 한 것이니"(고후 2:10)

'그리스도 앞에서' 라고 한 말에 주목하라. 비록 그가 이 문제에 관
하여 고린도 교회가 용서를 건넬 때 함께 자리할 수 없지만, 여전히
그는 다른 이들에게 해를 끼쳤던 사람들을 마치 얼굴을 대하며 용서
하듯 용서한다고 말하고 있다.

화해하는 데에는 양자가 필요하지만 용서를 할 때에는 한쪽 편만
있어도 무방하다. 무례하게 한 사람이나 용서를 베푸는 사람 모두가
용서하는 자리에 함께 있어야 할 필요는 없다.

용서하고자 할 때 상대방이 응하지 않는다고 해도 우리는 여전히
그리스도 앞에서 그들을 용서할 수 있다. 어떤 상황이든 결국 용서는
그리스도 앞에서 이루어지는 것이기 때문이다. 우리가 다른 이들을
용서할 때 그 상황 각각을 지켜보시는 분은 그리스도이시다.

우리를 과거에 묶어두었다는 점에서 우리에게 용서를 구해야 할
사람들이 도리어 무관심할 때에도, 그들을 향한 우리 안의 상처와 분
노 그리고 쓴 뿌리들을 이제 그만 놓아버리겠다고 결정하는 그 순간
우리가 갇혀 있던 감옥 문을 활짝 열어주시는 분은 그리스도이시다.
이것이 바로 나를 자유케 한 열쇠였다.

나는 기도하는 가운데 '그리스도 앞에서' 그들을 용서하기 시작했다. 그리고 예수님 앞에서 며칠 동안 그들을 용서하는 것을 연습하자 그들이 저지른 무례함에서 놓여난 기분을 느낄 수 있었다.

용서하고자 할 때 상대방이 응하지 않는다고 해도 우리는 여전히 그리스도 앞에서 그들을 용서할 수 있다. 어떤 상황이든 결국 용서는 그리스도 앞에서 이루어지는 것이기 때문이다.

둘째, 반복적으로 무례함을 저지르는 사람들을 용서해야 한다.

어느 날 시몬 베드로는 잘못을 저지른 형제를 몇 번이나 용서해야 하는지, 일곱 번 정도면 족한지 예수님께 여쭤보았다. 이 때 예수님께서는 "일곱 번 뿐 아니라 일흔 번씩 일곱 번이라도 할찌니라"(마 18:22)고 말씀하셨다.

누군가 우리에게 와서 490번이나 용서를 구한다면 그 사람의 마음이 과연 진실한지 믿기가 굉장히 어려울 것이다. 하지만 그리스도께서는 그렇게 끊임없이 용서하라고 말씀하셨다.

이 사실이 가져오는 결론은 단 한 가지뿐이다. 용서의 행위는 우리가 공정하거나 이성적이거나 정의롭다고 여기는 것에 의존하지 않는다는 사실이다. 우리가 어떻게 느끼든지, 또는 우리 눈에 사물이 어떻게 보이든지 간에 용서해야 한다.

하지만 이것은 우리가 용서를 넘어서서 그 사람과 화해하고 다시 관계를 맺어야 한다는 말을 의미하지는 않는다. 무언가 변화가 나타나기 전까지는 화해가 이루어지지 않도록 하나님께서 이끄실 수도 있다. 어쩌면 전혀 화해하지 못할 수도 있다.

화해에는 항상 용서가 필요하지만 용서는 화해를 요구하지 않는다.

우리는 다른 이들의 마음을 알지 못한다는 사실을 생각해 보아야 한다. 그것은 하나님께서 하실 일이며 나는 이 점을 생각하면 너무 기분이 좋다.

살아가면서 지겹게도 반복하는 죄들을 놓고 우리는 하나님께 얼마나 많은 용서를 구해 왔는가!

여기 한 예를 살펴보자. 당신은 몇 년 동안 흡연 중독에 빠져 있다가 이제 금연해 보겠다고 시도했는데 금새 실패하고 또 다시 담배를 입에 문 적이 있는가? 그랬다면 수도 없이 실패하고 나서도 하나님께서 당신을 여전히 용서하시리라는 사실을 잘 알 것이다.

이처럼 우리도 반복적으로 무례함을 저지르는 사람들을 또 용서해야 하는 것이다.

셋째, 지금은 사라진 사람들을 용서해야 한다.

사라진 사람들을 용서하라는 말은 죽은 자들과 의사소통하라는 뜻이 아니다. 그럴 수는 없다.

여기서 말하고자 하는 것은 우리에게 상처를 준 사람들(지금은 사라진 사람들)을 우리는 '그리스도 앞에서' 용서할 수 있다는 점이다.

세상을 돌아보면 지금은 사라져버린 누군가가 예전에 저지른 무례함 때문에 계속해서 상처를 껴안고 살아가는 사람들이 가득하다. 이렇게 상처를 껴안은 채로 사는 사람들은 계속 쓴 뿌리를 제거하지 못한 채 예전 기억에 얽매인 삶을 살아간다. 말 그대로 그들은 자신에게 상처 준 사람의 지배를 받는다.

당신에게 무례하게 했던 사람이 살아있든 죽었든 간에, 그가 남긴 고통과 상처 그리고 기억들은 여전히 실재한다. 이런 때 당신은 그리스도 앞에서 기도함으로써 그 사람을 용서해야 한다.

그가 어떤 사람이었느냐 하는 것은 중요치 않다. 그저 하나님께 기도로 나아가 다음과 같이 기도를 드려라.

"주님, ○○가 저에게 상처를 주었습니다. 저는 그 사람이 저지른 일로 무척 힘들었습니다. 지금도 그가 계속 생각나고 그가 저지른 일도 떠오릅니다. 하지만 주님, 이제 저는 ○○를 용서하고 저도 그 일에서 자유롭고 싶습니다. 예수님의 이름 안에서 그 사람을 용서하게 도와 주시옵소서. 예수님의 이름으로 기도드립니다. 아멘."

부정적인 감정이 일어날 때마다 이렇게 기도하라. 장담하건데 당신 안에 있는 쓴 뿌리는 힘을 잃고 결국 그 잡은 것을 놓게 될 것이다.

용서하겠다고 말하라 ▍

쓴 뿌리 때문에 비틀거리는 사람들이 주로 내게 하는 말들은 다음과 같다.

"도저히 그를 용서할 마음이 생기지 않아요. 그 사람을 어떻게 용서할 수 있을지 저 자신도 모르겠어요. 그 사람을 생각하면 원한과

증오밖에 느껴지질 않는 걸요."

많은 사람들이 쓴 뿌리를 끊어버리고 자유로워지려면 용서하고 싶은 마음이 생겨날 때까지 기다려야 한다고 생각한다. 마음이 생기지 않으면 용서하지 못한다고 생각한다.

그러나 당신이 말하는 그 마음이란 당신에게 결코 나타나지 않을 것이다. 내 경우에 나를 언짢게 하고 나에게 상처 준 사람들을 용서할 마음이 생겼던 적은 단언컨대 단 한 번도 없었다. 용서는 '결정'이지 마음에 따라 하는 것이 아니다.

그렇다면 우리가 용서하고 싶은 마음이 들지 않을 때에는 어떻게 해야 할까? 그 해답은 당신의 치아 사이에 가만히 앉아 있는 혀라는 녀석에게 있다.

야고보는 혀는 모든 자기 통제의 열쇠라고 했으며, "만일 말에 실수가 없는 자면 곧 온전한 사람이라 능히 온 몸도 굴레 씌우리라"(약 3:2)고 말했다.

다른 성경에서는 "만일 그가 자신의 혀를 통제할 수 있다면 그는 그의 성격의 모든 다른 부분도 통제할 수 있습니다"라고 기록하고 있다. 이 점은 매우 놀랄 만한 진리이다.

나는 한때 아침에 일찍 일어나고, 기름기 많은 음식을 피하며, 규칙적으로 운동하면 내 삶을 제대로 통제하는 것이라고 생각했던 적이 있었다. 그러나 아니다. 자기 통제는 혀에서 시작하고 혀에서 끝난다.

말은 우리의 삶이 흘러가는 방향에 생각보다 훨씬 더 큰 영향을 끼친다. 야고보는 혀를 가리켜 말의 고삐 또는 배의 키로 비유했다. 이 둘은 모두 자기 자신이 통제하고 있는 대상에 비해 작고 눈에 띄지 않는다. 하지만 고삐와 키는 말과 배의 방향을 결정하는 수단이다.

> "우리가 말을 순종케 하려고 그 입에 재갈 먹여 온 몸을 어거하며 또 배를 보라 그렇게 크고 광풍에 밀려가는 것들을 지극히 작은 키로 사공의 뜻대로 운전하나니"(약 3:3~4)

야고보의 말 속에 어떤 의도가 담겨 있는지 깨닫기를 바란다. 말의 고삐나 배의 키는 크기는 작으나 덩치 큰 말과 커다란 배가 가는 방향을 결정한다. 큰 광풍이 밀려올 때 배를 운전할 수 있는 것은 바로 작은 키이다.

쓴 뿌리는 광풍과 같아서 우리 감정을 맹렬히 공격하고, 마음을 굳어지게 하며, 우리를 위험한 곳으로 날려버린다. 이 때 우리를 제어할 수 있는 것은 우리의 혀이다.

야고보는 또 다른 이미지를 동원하여 이야기를 이어나간다.

> "혀는 우리 지체 중에서 온몸을 더럽히고 생의 바퀴를 불사르나니"
> (약 3:6)

바인의 《사전》에서 바퀴course는 '인간 활동의 모든 순환(경로)으로써, 불에 뜨겁게 타오르는 차축 하나가 나무로 된 바퀴 전체를 타오르게 한다'라고 나와 있다.

당신의 혀가 목재 바퀴의 중심축이라고 상상해 보아라. 그 중심축에 불이 붙었다면 모든 바큇살도 금새 불길에 휩싸일테고, 마침내 변두리에 있는 것들까지 모두 불에 타버릴 것이다. 이처럼 우리의 말은 우리 삶의 모든 것에 영향을 끼친다.

쓴 뿌리가 당신의 마음을 꽉 잡고 있을 때, 용서는 무언가 느껴져야만 할 수 있는 것이 아니다. 용서는 하는 것이다. 바로 그리스도 앞에서 용서한다고 말하는 것이다. 당신이 말하겠다고 선택한 단어들을 통해서 당신 자신의 마음과 정신, 그리고 감정과 태도의 방향을 조절할 수 있다.

최근에 나도 내게 상처를 준 몇몇 사람을 용서해야 한 적이 있었다. 나는 용서할 마음이 생기지 않았다. 내 마음 속에는 분노가 일어났고 비통함에 쓰라렸다. 내 스스로 그들에게 맞서는 말들을 하였고, 그들이 저지른 행동을 두고 끊임없이 비난했다. 하지만 그러면 그럴수록 내가 비참해졌다.

용서하지 않는 마음이 불러오는 광풍에 기쁨의 열기는 꺼지고 만다. 그리고 결국 우리 영혼은 칠흑 같은 어둠 속에 빠져버리고 만다. 그 누구도 이 사실에서 벗어날 수 없다.

어느 날 아침 기도 시간에 "나는 그들을 용서한다"라고 말하기로 결심했다. 그리고 그리스도 앞에서 조그맣게 속삭였다. 이런 행동은 처음에는 마치 사랑니를 뽑는 듯 불편하고 어려웠다.

"나는 그들을 용서한다." 내가 다시 한 번 낮은 소리로 말했을 때는 처음보다 조금 더 수월했다. 이를 몇 번을 반복했더니 용서를 선포하는 일은 점점 쉬워졌다.

그리고 그간 익숙해졌던 영적인 메마름이 평화로 변화되기 시작했다. 그렇게 하기를 며칠, 나는 그리스도 앞에서 용서의 말들을 반복했고, 강퍅하게 굳어졌던 내 영혼은 누그러졌다.

내가 용서하기를 더 연습하면 할수록 나에게 무례하게 대했던 사람들이 내 마음에 불어넣었던 근심이 줄어든다는 사실을 발견하기 시작했다. 하루하루 지나가면서 기억에서 지울 수 없었던 그들이 저지른 일들, 그리고 내 생각 속에 그들이 차지했던 시간의 분량이 줄어 들었다. 내가 꺼낸 말을 통해 나는 마침내 용서할 수 있었던 것이다.

용서를 연습하는 순간 우리는 미래에 초점을 맞출 수 있는 새로운 능력을 발견한다. 백미러로 본 장면들을 소망과 믿음의 앞 유리로 바라보면 더 넓은 세계가 보인다.

사실 나는 어서 빨리 제2부로 들어가 우리의 여행을 시작하고 싶다. 과거보다 미래가 훨씬 더 밝기 때문이다. 지금까지 과거에 초점을 맞추게 하고 과거에서 헤어나오지 못하게 만드는 6가지 사슬들을 살펴보았다.

이제 그 사슬을 끊고 과거의 고리에서 헤어나와 초점을 미래로 향했을 때 우리를 기다리는 것이 무엇인지 발견하러 가야겠다.

용서하지 않는 마음이 불러오는 광풍에 기쁨의 열기는 꺼지고 만다. 우리 영혼은 칠흑 같은 어둠 속에 빠져버리고 만다.

·······························

1. 당신에게 무례하게 대한 사람과 화해하려고 시도했을 때, 그 사람의 무관심이나 뿌리침을 경험한 적이 있는가? 그래도 그 리스도 앞에서 그들을 용서할 수 있는가?

2. 용서하는 데 가장 큰 장애물은 바로 당신의 마음이라는 사실 을 발견하였는가? 그렇다면 당신이 할 수 있는 만큼 큰 소리 로 그 사람을 용서한다고 다시금 말해보라.

너희는 이전 일을 기억하지 말며 옛적 일을 생각하지 말라
보라 내가 새 일을 행하리니 이제 나타낼 것이라 너희가
그것을 알지 못하겠느냐 정녕히 내가 광야에 길과 사막에
강을 내리니(사 43:18~19)

당신의 과거도 중요하다. 하지만 당신이 현재 처한 상황에서
당신의 미래를 보는 일만큼 과거가 중요한 것은 아니다.

_토니 캠폴로Dr. Tony Campolo

앞 유리를 통해 바라보기

8

다 끝난 일이라는 것을 인식하라

천하에 범사가 기한이 있고 모든 목적이 이룰 때가 있나니 …
찾을 때가 있고 잃을 때가 있으며 지킬 때가 있고
버릴 때가 있으며(전 3:1, 6)

미래로 들어가는 단 하나의 방법은 과거를 흘러가도록
놓아주는 길뿐이다. _ 로버트 크리겔Robert Kriegel

이제 다 끝난 일이다 ▮

끝. 이 한 글자가 우리 삶에서 종결을 불러온 적은 몇 번이나 되는가? 우리는 어렸을 때 종종 듣던 옛날 이야기에서 삶은 시작과 중간 그리고 끝이 있다고 배웠고, 어린 시절, 학교, 언젠가는 사라지는 우정, 중요한 축구 결승전 등 우리 생활 속에도 끝이 있다.

이 사실은 전혀 문제가 되지 않는다. 그렇지 않은가? 하지만 아주 문제가 없다고 말할 수도 없다. 살다보면 끝이라는 사실을 받아들이기가 쉽지 않은 때도 많으니 말이다.

영원하리라 믿었던 관계를 한 번 생각해 보라. 여기저기에서 끝의 징조가 보이는가? 또 구하는 자에게 잘 맞게 설계되어 삶의 만족과 성공을 가져다 줄 것 같았던 '환상의 직업'은 또 어떠한가? 잘 되어가고 있는가? 심각한 계산 착오와 실수가 불러올 결과는 또 어떠한가? 이제는 더이상 예전처럼 모든 일을 정상적으로 되돌릴 수는 없을 것만 같은가?

당신의 눈은 과거에 계속 머물면서 예전에 있었던 것들을 바라보고 있다. 하지만 끝이라는 사실 또한 피할 수 없는 사실임을 당신도 잘 알고 있다.

당신이 영원할 것이라고 생각했는데 결국 끝나고 마는 일들을 바라보는 데에는 무언가 이상한 점이 있다. 마치 활동사진을 보는 듯 당신은 한때 실재했던 장면에서 기묘하게도 분리되어 이제 그만 접어야 하는 현실을 파악하지 못하는 듯 보인다. 끝이라는 글자가 당신 마음 속 화면에서 깜빡거리고 있는데 당신은 그 현실을 용납하지 않는 것이다.

"어떻게 그(그녀)가 떠날 수 있지? 어떻게 내가 그걸 잃어버린 걸까? 도대체 무슨 일이 일어난 거야? 어떻게? 이건 있을 수 없는 일이야!"

하지만 화면이 꺼지면서 당신은 현실을 직시해야만 한다.

"있을 수 있는 일이야, 이렇게 끝났잖아."

바로 이 지점에서 당신은 일종의 결정적인 순간(중대한 순간)에 직면한다. 당신이 허락한다면 끝이라는 말은 당신이 그동안 벗어나지 못했던 모든 것들의 진정한 끝을 불러올 수 있다. 그리고 당신은 실제로 이렇게 되도록 만들 수 있다.

여기에는 비결이 있다. 끝이 미래 무대에 새로운 개막을 불러오는 계기가 되게 하는 것이다.

간단히 설명해 보겠다. 당신은 '…만 되었더라도', '…게 되면 어쩌지?', '왜 나한테 이런 일이 생기는 거야?' 등의 물음이 꼬리에 꼬리를 물도록 방치할 수도 있다. 하지만 다른 한편으로 숨을 깊게 한번 들이마시고 몸을 다시금 추슬러서 하나님께서 지금 이 순간 당신에게 무엇을 베푸시는지 찾으려고 노력할 수도 있다.

이러한 태도에는 한 가지 조건이 있다. 흘러간 것은 그냥 흘러가도록 놓아두고 그것은 이제 끝났다는 현실을 받아들여야만 한다. 당신은 무언가를 두고 죽도록 후회할 수도 있다. 당신과 당신이 후회하고 있는 그 대상을 애타게 다시 찾길 원할 수도 있다. 그래도 어쨌든 이제 그 과거를 그만 묻어두어야 할 때라는 사실을 인식하는 시기가 오는데, 그 때는 반드시 "이것은 끝난 일이다"라는 것을 마음 속에 각인시켜야 한다.

이제 끝난 일이다 라는 말 속에 확실한 의미가 들어 있다고 생각되지 않는가? 이 말은 무언가 결말짓는다는 느낌을 담고 있다. 즉 당신은 이제 그 사실을 두고 왈가왈부할 수 없다. 이제 끝난 일이기 때문이다. 그 사실을 두고 목소리를 높여 언쟁을 벌일 필요도 없다. 이제 끝난 일이기 때문이다.

'이제 끝난 일이다' 라는 말은 열었던 문을 닫고 뚜껑을 덮는 일과 같이 과거가 더이상 나타나지 못하도록 어제의 희미한 기억 속으로 보내는 역할을 한다. 과거에 '존재했던' 것은 더이상 현재에 '존재하지' 않는다.

이제 끝난 일이다 하는 말을 되새겨봐야 한다. 이미 다 지나간 일이라는 말이다! 이제 끝난 일이다 하는 말은 죽음, 그리고 협상할 수 없는 떠남을 의미한다. 일단 그 사실을 수용할 수만 있다면 미래로 가는 장막을 열어주는 데 이보다 더 멋지고 획기적이며 결정적인 말도 없을 것이다.

그러므로 당신 인생에서 무언가 끝났다면 숨을 한 번 깊게 내쉬고 발길을 돌려 다시는 뒤를 돌아보지 말라. 새로운 일들이 당신을 기다리고 있다.

'이제 끝난 일이다' 라는 말은 과거가 더이상 나타나지 못하도록 어제의 희미한 기억 속으로 보내는 역할을 한다. 당신 인생에서 무언가 끝났다면 다시는 뒤를 돌아보지 말라.

모든 끝은 새로운 시작을 불러온다

당신이 지금 어떤 문 앞에 서 있다고 가정해 보자. 그 문은 어두움 속에서 무언가 불길한 징조를 풍기는 듯한 그늘 속에 서 있다. 그리고 그 문에는 아무렇게나 갈겨쓴 글씨체로 '끝'이라고 써 있다.

그 문의 손잡이는 오래되어 낡았다. 당신은 여기서 나가야 한다는 사실을 잘 안다. 시간이 되었다. 결국 이제 끝이라는 사실을 받아들이고 다시 앞으로 나아가야 할 일만이 남은 것이다.

당신이 망설이면서 문고리를 돌리자 문이 활짝 열렸다. 그리고 열린 문 밖으로는 숲이라는 표현이 부족할 만큼 너무나도 거대하고 푸른 나무들이 울울창창하게 들어서 있다. 수천 그루의 나무들이 위풍당당한 모습으로 봄바람 앞에서 몸을 살짝 구부리고 인사를 하고 있다. 새들과 야생의 생물들이 자비로운 수목들과 소나무의 바늘 같은 나뭇잎 카펫 사이에서 즐겁게 햇볕을 쬐고 있다. 반가운 햇살이 찬란히 비치고, 그 밝은 광선이 울창한 나무 층층에 온기와 생명을 불어넣는다. 눈에 보이는 모든 사물이 싱그럽고 활기차다.

이곳이 바로 유토피아인가? 아니다. 그곳은 바로 당신의 새로운 시작점이다.

그 아름다운 장면에 눈을 떼지 못하고 있다가 갑자기 당신 등 뒤에 있던 문이 '쾅!' 닫히는 소리를 들었다. 뒤를 돌아봤더니 그 문에는

모든 끝은 새로운 시작을
불러온다. 당신이 끝마친
일이 진정으로 끝나지
않고서는 새로운 시작을
불러올 수가 없다.

'새롭게' 라는 글씨가 적혀 있다. 덧붙여 '모든 끝
은 새로운 시작을 불러온다' 라고 쓰여 있다.

이제야 당신은 이해할 수 있다. 당신이 끝마친
일이 진정으로 끝나지 않고서는 새로운 시작을 불
러올 수가 없다는 것을.

이 책 전반에 걸쳐 이사야 43장 18~19절의 말씀을 여러 차례 인용
한 바 있다. 그 말씀을 잠시 더 깊이 묵상해 보도록 하자.

> "너희는 이전 일을 기억하지 말며 옛적 일을 생각하지 말라 보라 내
> 가 새 일을 행하리니 이제 나타낼 것이라 너희가 그것을 알지 못하
> 겠느냐"

이 말 속에 담긴 일의 순서를 기억하라. 당신은 우선 당신 뒤에 있
는 것들을 흘러가도록 내버려두어야 한다. 기억상실증에라도 걸린
듯이 그 사실을 쏙 빠뜨리라는 말이 아니라 그것을 기꺼이 풀어버리
라는 의미다.

보라, '새 일' 이 일어날 것이며, 이것은 하나님께서 행하시는 다음
단계이다. 하나님께서는 당신이 이미 지나간 과거를 놓아주기를 지
금까지 기다리셨다.

예수님의 제자가 되겠다는 포부가 있었던 한 남자는 예수님께 이
렇게 말했다.

"주여 나로 먼저 가서 내 부친을 장사하게 허락하옵소서."

예수님께서는 그에게 "죽은 자들로 저희 죽은 자를 장사하게 하고 너는 나를 좇으라"(마 8:22)고 말씀하셨다.

예수님께서 매정하다거나 세심하지 못한 것이 아니다. 이 사람이 무언가 다른 일에 지나치게 애정을 쏟고 있었기 때문에 하나님의 뜻을 따를 능력이 제대로 발휘되지 못한다는 사실을 아시고 깨우치려고 하신 것이다.

마치 롯의 아내가 소돔 성에 지나치게 마음을 두고 있었던 바와 같이, 이 젊은이가 그동안 알고 있던 사람이라곤 자신의 아버지뿐이었으며, 그는 부친을 향한 애착을 놓지 못하고 있었던 것이었다. 심지어 주님의 부르심에도 대답하기를 망설였다.

예수님의 말씀은 이렇게도 볼 수 있다.

"이미 지나간 과거는 지나간 대로 묻어 두어라."

당신이 새로운 시작의 문으로 들어가려고 서 있다면 이 말씀은 당신에게도 교훈의 울림으로 다가갈 것이다.

이제 곧 새로운 일이 시작된다 ▌

이전 것을 기억하지 말라고 했던 이사야의 권고는 70년이라는 길고도 고된 세월을 바벨론에서 포로로 지내야 했던 이스라엘 자녀들에게 하는 말이었다.

이 말을 통하여 이사야는 지나간 과거에서 이제 그만 눈을 돌려 하나님께서 곧 이루실 일들이 펼쳐질 곳으로 통하는 미래의 문으로 들어가라고 권고하였다.

이사야는 두 가지 문제를 거론하였는데 하나는 긍정적인 이야기였고 다른 하나는 부정적인 이야기였다.

이 가운데 부정적인 문제는 이스라엘 백성들의 포로생활에 관한 것이었다. 충격 속에 발이 묶이는 점을 주제로 논하였던 제 6장을 다시 한 번 생각해 보라. 외상적인traumatic이라는 단어가 바벨론 포로생활을 표현하는 데 가장 적합한 단어일 것이다.

눈물의 예레미야는 하나님께서 택하신 백성들이 쇠사슬에 묶여 바벨론으로 끌려가는 비참한 광경을 목도한 증인이었다. 상실에 빠져 있던 예레미야는 "내 눈이 눈물에 상하며 내 창자가 끓으며 내 간이 땅에 쏟아졌으니"(애 2:11)라고 고백했다. 그들의 딱한 처지를 보고 기록한 예레미야의 글은 정말로 마음을 찢어지게 한다.

> "이제는 그 얼굴이 숯보다 검고 그 가죽이 뼈에 붙어 막대기같이 말
> 랐으니 거리에서 알 사람이 없도다"(애 4:8)

70년이 흐른 뒤, 이제 곧 자유를 되찾을 그들에게 옛 것을 잊어버리고 긍정적인 눈으로 미래를 바라보라고 했던 선지자 이사야의 훈계가 이스라엘 사람들 귓전에 메아리처럼 들려왔다. 기본적으로 이

사야가 그들에게 했던 말은 이렇다.

"과거의 고통에서 마음을 추스르라. 지금껏 겪었던 모욕들은 잊어 버리라. 이제 새날이 온다. 기대를 품고 앞을 내다보라. 새로운 것이 이제 곧 나타나리니 이미 잃어버린 것들, 고통스러웠던 것들, 그동안 느끼고 되돌릴 수 없는 모든 것들을 생각하며 흘렸던 눈물을 닦으라."

이사야 선지자의 메시지는 이제 곧 다가올 새로운 삶을 위해 필수 적인 짧은 말로 요약된다. "이제 끝난 일이다."

과거를 놓아버리는 일은 이스라엘 백성들이 거부할 수 없는 선택 이었다. 그들이 과거를 놓지 않았다면 하나님께서 행하고자 하시는 '새로운 것'을 볼 수 없었을 것이다. 바로 이 점이 내가 이 책을 쓰게 된 이유를 정확히 보여준다.

유혹의 입을 가진 독사는 우리를 기만하여 과거가 여전히 붙잡을 만한 것이라고 생각하게 만든다. 또는 이스라엘이 저지른 실패와 실 수들에서 볼 수 있듯이 우리를 묶어놓는 징벌의 사슬을 끊을 수 없을 것이라고 속이기도 한다. "이것은 다 거짓이다!"라고 유혹한다.

물론 때에 따라서 하나님께서는 징계로 우리를 바로잡으시기도 한 다. 하지만 그 시간이 영원토록 계속되지는 않는다.

"그 노염은 잠간이요 그 은총은 평생이로다 저녁에는 울음이 기숙 할찌라도 아침에는 기쁨이 오리로다"(시 30:5)

하나님께서는 언제라도 은총의 손을 펼치시는 분이시며, 자신과 함께 새로운 곳으로 나아가자고 말씀하시는 분이시다.

새로운 것을 두고 말했던 이사야의 권고는 다음과 같다.

"이제 곧 나타날 것이라."

본래 이 말을 히브리어로 번역하면 "지금이라도 싹을 틔울 것이다"라는 의미이다. 이사야는 "너희의 새 시작을 보여주는 푸른 첫 새싹은 이미 지면을 뚫고 올라오고 있노라"고 말하고 있는 것이다.

힘겨웠던 과거와 새로운 축복으로 나아가라는 부르심 사이에서 이스라엘 백성들이 주저하고 있던 바로 그 순간에 그들 주위에서는 하나님의 새로운 미래가 이미 싹을 틔우고 있었다.

고통스러운 과거를 놓아버리라는 이사야의 권고에 앞선 말씀은 다음과 같다.

"바다 가운데 길을, 큰 물 가운데 첩경을 내고"(사 43:16)

이 말을 통하여 이사야는 홍해가 갈라졌던 놀라운 역사를 분명하게 언급하고 있다. 여기에 뒤이어 이사야는 확신있게 "병거와 말과 군대의 용사를 이끌어 내어서 그들로 일시에 엎드러져 일지 못하고"(사 43:17)라고 선포하였다.

이스라엘의 선조들이 마른 땅으로 바다를 가로질러 걸어갔을 뿐만 아니라, 정확한 순간에 물들이 밀려들어옴에 따라 바로의 군대는 물에 빠져 몰살되었다.

이사야가 한 말의 요지는 무엇인가? 이스라엘인은 자신들의 믿음을 일으키기 위하여 그와 같은 놀라운 구원에 초점을 맞추어야 했다.

사실 하나님께서는 그 이전보다 더 강한 일을 곧 이루시려고 했다. 역사가 보여주는 대로 이스라엘 백성은 이사야가 예언했던 그대로 바벨론의 압제에서 벗어났을 뿐만 아니라 오랫동안 우상숭배에 묶여 있었던 바벨론 땅에서 빠져나올 수 있었다.

바벨론 포로생활 동안 어떻게 유다 사람 사드락과 메삭과 아벳느고가 바벨론의 우상에게 절하지 않겠다고 거부하여 극렬히 타는 풀무 가운데 던져졌는지(단 3장) 기억하는가? 또한 그들은 어떻게 그곳에서 아무런 해도 입지 않고 기적적으로 빠져 나왔는가? 맹렬한 풀무불은 그들을 동여맸던 끈들만 타서 사라지게 했다.

하나님께서는 이와 같은 놀라운 장면을 이스라엘 전체 민족을 위해 정확히 펼치시고자 했다. 70년이라는 기간 동안 바벨론의 풀무 속에 던져졌지만 그들은 곧 아무 해도 입지 않은 채 벗어날 것이었다. 그들을 꽁꽁 동여맸던 우상숭배라는 끈만 모두 타 없어진 채로 말이다.

이제 이사야의 다음 질문을 당신이 확실히 잡을 수 있기를 바란다. 그 질문에 담긴 의미를 놓치지 않도록 주의하라. 이사야는 악몽의 끝자락에 있던 백성들에게 새로운 지경이 시작되는 지점에서 "너희가 그것을 알지 못하겠느냐"(사 43:19)라고 묻는다.

이 말은 원래의 히브리어로 번역하면 "너희가 그것에 주의를 기울이지 않겠느냐?"라는 의미이다. 달리 말해서 그들이 '이전 것들'을 놓아버리길 거부한다면 하나님께서 이제 곧 이루실 일에 반응할 능력은 마비된다는 의미이다.

이사야의 예언들은 이스라엘인이 포로생활에서 구원받으리라는 사실을 예표하였다. 하나님께서는 고레스가 자신의 구원의 도구가 될 것이라고 말씀

과거 일들을 생각하며 현재 상황 속에서 두 손을 꽉 쥐고 있었다면, 이미 싹을 틔우고 있는 희망에 반응할 능력은 생기지 않았을 터이다.

하신 바 있다(사 45:1 참조). 느헤미야, 에스라 그리고 스룹바벨이라는 세 지도자가 마음이 동하여서 황폐해진 예루살렘 도성으로 돌아올 것이며 성벽과 성전을 재건축할 터였다.

이사야는 미래에 얻을 행복을 외쳤다. "지금 이 상황에서도 싹을 틔운다!" 기대로 뒤섞인 흥분이 하나님의 백성들 사이에 드리워진 우울과 낙담을 몰아냈다. "지금 이 상황에서도 싹을 틔운다!"

이스라엘은 한 민족으로서 한 가지 선택에 직면했다. 그들이 과거 일들을 골똘히 생각하며 현재 상황 속에서 두 손을 꽉 쥐고 있었다면, 이미 싹을 틔우고 있는 희망에 반응할 능력은 생기지 않았을 터이다. 과거의 일이 자신들의 미래를 지배하도록 허락하는 동시에 그때의 패배와 실패 속에 살 수밖에 없을 것이었다.

하지만 이스라엘 백성들은 그렇게 하지 않고 하나님의 은혜를 믿고 새로운 날을 향해 걸음을 내딛겠다고 결심했다.

우리가 지금까지 진지하게 살펴본 성경 속의 역사는 수많은 사람들이 오늘의 삶 속에서 경험하는 바를 생생하게 보여주는 예이다. 아마 당신도 그 사람들 가운데 한 명일 것이다.

5장에서 언급한 대로 실패와 실패가 불러오는 결과들은 우리를 꾀

어 과거의 패배라는 늪에서 허우적대며 과거에 남아 있게 만들 수 있다. 그러면 우리는 자기 스스로를 벌하는 데 열중한다.

하지만 하나님의 생각은 이와 다르다. 하나님께서 당신 원수의 목전에서 당신에게 상을 베푸시려고 준비하고 계신다. 당신의 가장 어두운 순간에 하나님께서는 이미 당신을 위한 축복의 상을 준비하고 계시다.

하나님께서는 항상 실패한 과거를 청산하는 장례식을 거행하신다. 우리가 텐트를 치고 그 자리에 계속 머물고 싶어 하는 바로 그것들을 하나님께서는 묻어 버리신다.

> "이는 하늘이 땅에서 높음같이 그를 경외하는 자에게 그 인자하심이 크심이로다 동이 서에서 먼 것 같이 우리 죄과를 우리에게서 멀리 옮기셨으며"(시 103:11~12)

동쪽과 서쪽이 알 수 없을 정도로 멀리 떨어져 있는 것과 같이 하나님께서는 우리 죄에서 비롯된 죄책감을 우리로부터 제거해 주시고 멀리 옮기신다.

> "나 곧 나는 나를 위하여 네 허물을 도말하는 자니 네 죄를 기억지 아니하리라"(사 43:25)

그리고 하나님은 우리의 죄를 기억하지 않으신다.

다윗은 축복의 왕이지만 그에게도 과거의 죄 때문에 고통을 겪었던 때가 있었다. 다윗 왕은 어떻게 과거를 흘러가도록 하여 새로운 날을 맞이하였는지를 살펴보자.

이 예화를 살펴본 뒤에 이스라엘 백성들이 내린 선택으로 다시 돌아가도록 하겠다.

한 아기의 죽음과 두 번의 장례식

그날 다윗 왕이 거하는 궁전 안은 어두침침했다. 겹겹이 쌓인 구름처럼 공중에는 슬픔이 가득했다. 밧세바와 불의한 간통으로 얻게 된 아기가 죽음을 바라보고 있었기 때문이다. 다윗은 불가피하게 일어날 아이의 죽음을 막아보겠다고 해볼 수 있는 일은 다 하고 있었다.

> "다윗이 그 아이를 위하여 하나님께 간구하되 금식하고 안에 들어가서 밤새도록 땅에 엎드렸으니"(삼하 12:16)

하지만 선지자 나단이 예견한대로 이 모든 노력은 무용지물이었다.

> "이 일로 인하여 여호와의 원수로 크게 훼방할 거리를 얻게 하였으

니 당신의 낳은 아이가 정녕 죽으리이다"(삼하 12:14)

　다윗은 하나님의 마음을 돌리게 하려고 갖은 애를 다 썼다. 죄책감
과 정죄의 악마가 양심의 가책을 느끼고 있는 왕을 한바탕 뒤흔들고
있는 것이 분명했다.

　죄를 지음으로 말미암아 다윗은 한편으로 단련될 수 있었지만 다
른 한편으로는 죄 없는 아이가 자신 때문에 해를 당하는 모습을 지켜
봐야 했다. 다윗이 처한 상황은 이루 말할 수 없이 나빴으며 장로들
은 바닥에 쓰러진 왕을 일으킬 수조차 없었다. 지나치게 상실하는 사
람은 너무 깊은 나락으로 떨어지므로 그 무엇으로도 그를 일으켜 세
울 수 없다.

　장장 7일 동안 견디기 힘든 호된 시련의 날들이 계속되었고, 마침
내 아기는 숨지고 말았다. 자, 당신이 다윗의 장로들과 그 종들의 처
지가 되었다고 생각해 보라. 7일 동안 왕은 빵 한 조각 입에 대지 않
았고 잠시라도 눈을 붙이지 않았으며 바닥에서 떨어질 생각도 하지
않았다. 덥수룩한 턱수염에 헝클어진 머리를 한 왕은 침울한 얼굴을
하고 있다. 그들은 왕이 무언가 어리석은 행동을 할지도 모른다고 염
려했을 것이다.

　"… 다윗의 신복들이 아이의 죽은 것을 왕에게 고하기를 두려워하
　니 이는 저희가 말하기를 아이가 살았을 때에 우리가 말하여도 왕
　이 그 말을 듣지 아니하셨나니 어떻게 그 아이의 죽은 것을 고할 수

있으랴 왕이 훼상하시리로다 함이라"(삼하 12:18)

기운을 잃고 낙담한 종들이 한 데 모여 누가 그 나쁜 소식을 왕에게 전달할지 걱정하고 있었다. 그러나 다행히 아무도 다윗에게 그 사실을 전할 필요가 없었다. 다윗은 사람들이 조심스럽게 수군대는 말을 들었기 때문이다.

"그 아기가 죽었다는 것이 사실이오?"라는 그의 물음에 종들은 "사실입니다"라는 침울한 답변을 들려주었다.

이때 다윗의 반응을 주의 깊게 살펴보라. 사실상 그는 아기가 죽었다는 소식을 듣고 나서 두 차례의 장례식을 거행했다. 아들의 장례식을 치른 것이 하나요, 그가 더이상 스스로 어떠한 방법으로도 무마할 수 없는 과거를 묻어 버린 것이 또 다른 장례식이었다.

제일 먼저 다윗은 자리에서 일어났다.

어떤 일이 끝났을 때 그 자리에 눌러 앉아 있어서는 안된다. 일어서야 한다. 일어서는 행위는 당신에게 붙은 먼지들을 털어버리고 하나님께서 이루시는 일들과 함께 나아가는 데 필요한 첫번째 단계이다.

다윗은 "이제 끝난 일이다"라는 사실 앞에 직면했고, 회복을 위한 첫번째 걸음을 내디뎠다. 다윗은 그 순간에 삶을 접겠다고 생각할 수도 있었다. 아니면 남은 인생을 사는 동안 자신이 저지른 실수를 두고 끊임없이 자기 자신을 벌하며 살 수도 있었다. 또는 자신 주변에 늘 침울하고 우울한 그늘을 두르고 살 수도 있었다. 하지만 다윗은 그렇게 하지 않았다. 다윗은 그 자리에서 일어났다.

　당신도 지금 일어날 필요가 있는가? 당신은 더이상 어떻게 해 보지 못할 일을 두고 슬퍼하면서 허우적거리고 있지는 않는가? 이제 그만 앞으로 나아가기 위해 슬픔, 또는 패배 의식의 자리에서 일어나라.

　　두번째로 다윗은 모든 슬픔의 흔적을 제하였다.
　다윗은 몸을 씻고 기름을 발랐다. 그 아기가 앓고 있는 동안 다윗은 씻지도 않았고 자신에게 기름을 붓지도 않았었다. 슬픔의 사람이라는 사실을 보여주는 신호를 온몸에 두르고 있었다. 마치 한 과부가 남편의 장례식에서 검은 옷을 입고 있듯이 말이다.

　하지만 아기가 죽었다는 소식을 접하게 되자 다윗은 이제 끝이라는 것을 받아들였고 그 후 그 비극이 자신의 미래 일들을 지배하도록 허락하지 않았다. 몸을 씻고 기름을 바르며 슬픔의 사람이라는 흔적을 제하였다.

　당신은 왜 여전히 침울하고 슬픈 표정을 짓고 있는가? 당신 앞에 서 있는 벽들을 넘어서서 삶을 다시 즐기기 위한 모험에 뛰어 들려 하지 않는 이유는 무엇인가?

　너무 많이 써서 닳고 상한 슬픔의 흔적들은 이제 씻어야 한다. 그 것이 무엇이 됐든지 간에 이제는 끝난 일이다. 이제 그만 그것들을 극복해야 한다. 외관에 드러나는 모든 '지나간 과거'의 흔적들을 오늘 벗어버리라.

　얼굴을 닦고, 면도도 하고, 나가서 새 옷도 몇 벌 사고, 친구들에게 전화도 하라. 당신 스스로 씌운 감옥을 이제 그만 부수고 나오라.

세번째로 다윗은 하나님께 경배했다.

버터를 녹이는 바로 그 태양 볕이 진흙을 굳힌다는 말이 있다. 일부 사람들은 비극과 실패의 불이 하나님을 향한 자신들의 마음을 굳게 만들도록 그냥 방치한다. 그들은 과거가 하나님과의 관계를 멀리하도록 방치한다. 반면 또 어떤 이들은 실패와 고통이 하나님의 임재 앞에서 녹아내리도록 한다.

이것은 당신의 선택이다. 다윗을 위대한 인물이라고 생각하게 만드는 이유 가운데 하나는 항상 여호와께서 가리키시는 방향으로 되돌아오는 그의 능력에 있다. 깨지는 순간에 그는 하나님 품 안에서 깨졌다. 녹아내릴 때 그는 바로 하나님의 발 앞에서 녹아내렸다.

자신의 아들이 죽은 상황 속에서 취한 다윗의 행동을 살펴보라.

다윗은 "이제 끝난 일입니다. 주님. 제가 더이상 해볼 수 있는 일이라고는 하나도 없습니다. 제가 여기 있습니다. 깨어진 제 삶의 조각조각들을 당신께 드립니다. 당신은 용서하시는 하나님이시라는 사실을 제가 믿습니다. 저의 과오를 용서하시고 저의 앞길을 인도하소서. 저의 미래는 당신의 손에 있습니다"라고 고백하고 있다.

그리고 다윗은 아무 일도 없었다는 듯 정상적인 삶으로 되돌아갔다.

아기가 죽었다는 소식을 듣고 두 차례의 장례식을 거행했다. 아들의 장례식을 치른 것이 하나요, 그가 더이상 스스로 어떠한 방법으로도 무마할 수 없는 과거를 묻어 버린 것이 또 다른 장례식이었다.

다윗은 궁으로 돌아와서 음식을 가지고 오게 하여 음식을 먹었다.

성경은 "… 슬퍼할 때가 있고 춤출 때가 있으며"(전 3:4)라고 말한다. 그렇다고 다윗이 춤을 추고 있었다는 말은 아니다. 하지만 다윗이 슬퍼하는 때는 끝났다는 것이다.

삶은 계속되어야만 했다. 다윗은 어두운 올가미가 그 촉수를 동원해 영원히 스스로 벌하는 정죄로 영혼 둘레를 두르도록 허락하지 않았다. 그는 전진하였다.

그렇다고 그에게 한 치의 느낌조차 없었다는 의미는 아니다. 단순히 그는 상황이 끝났다는 사실을 직시했던 것이다. 그는 끝이 진정 끝나도록 했기 때문에 새로운 시작을 향한 첫걸음을 다시 내딛을 수 있었다.

다윗의 행동에 그의 종들은 어리둥절하였다.

> "… 아이가 살았을 때에는 위하여 금식하고 우시더니 죽은 후에는 일어나서 잡수시니 어찜이니이까"(삼하 12:21)

그들은 "도대체 무슨 일이십니까? 더 심해질 것만 같았던 그 슬픔이 이제 다 사라져 버린 것입니까?"라고 물었다. 다윗은 자신의 행동에 대해 이렇게 설명하였다.

> "아이가 살았을 때에 내가 금식하고 운 것은 혹시 여호와께서 나를 불쌍히 여기사 아이를 살려 주실는지 누가 알까 생각함이어니와 시

방은 죽었으니 어찌 금식하랴 내가 다시 돌아오게 할 수 있느냐"
(삼하 12:22~23)

다윗은 "무언가 기회가 있을 때 나는 해볼 수 있는 모든 일들을 했고 최선을 다했소. 그러나 지금은 더이상 내가 할 수 있는 방법이 없지 않소"라고 말하였다.

오, 친구여, 우리는 이 말을 귀 기울여 들어야 한다.

더이상 해볼 수 있는 일이 조금이라도 남지 않을 때까지 당신은 할 수 있는 일이라면 무엇이든지 다 하라. 하지만 그 모든 것이 소용없다면 이제 끝난 일이니 그만 접고 새롭게 시작해야 한다.

영원히 사라져버린 것을 다시 부활시킬 수는 없다. 다윗은 자신의 아들을 다시 살릴 수 없다는 점을 인정했다.

당신이 되살리기를 갈망하는 직업, 결혼생활, 자녀, 교회 그리고 수없이 많은 것들을 다시 불러올 수 없을지도 모른다. 하지만 하나님께서는 여전히 새 일을 행하신다. 끊임없이 "왜?"를 묻지 말고 "이번에는 무얼까? 어떤 해답이 있을까?"라는 질문을 던져야 한다.

다윗은 자리에서 일어나 애도의 흔적들을 다 벗어버린 채 하나님 앞에서 부서지고 그분을 찬양하며 자신의 정상적인 삶으로 돌아왔다. 이제는 전진해야 할 때였던 것이다.

다윗은 이렇게 위기의 시기에 마침표를 찍었다. 그리고 모든 것을 하나님의 손에 맡겼다.

"나는 저에게로 가려니와 저는 내게로 돌아오지 아니하리라"

(삼하 12:23)

다윗은 자신이 바꿀 수 있는 일과 바꿀 수 없는 일을 분별할 수 있는 지혜를 겸비하고 있었고, 그의 모든 간구는 과거를 뒤로 하기 위한 것이었다.

당신이 바꿀 수 없는 상황 속에 있다면 이제 그만 앞으로 나아가라. 당신이 무슨 수단을 써서든지 바꿀 수 있는 일이라면 시도하고 그렇지 않다면 포기하는 지혜를 가지라.

그 도전은 응답받았다 ▌

이제 이스라엘의 상황으로 다시 돌아가서, '새로운 날로 돌아서라'는 경종을 울리는 도전에 이스라엘 백성들이 어떻게 응답하였는지 살펴보도록 하자. 그들은 어떻게 행하였는가?

그들 가운데 실제로 수천 명이 진심으로 과거를 뒤로 하였다. 그들은 자신들 앞에 기적적으로 열려진 문을 통해 걸어 나가서 본향으로 돌아갔다.

하지만 비극적이게도 그보다 더 많은 수천 명의 사람들은 자신들이 포로로 있던 그곳에 그냥 머물렀다. 우리는 그들을 가리켜 디아스포라diaspora라고 부르는데 이는 '흩뿌려진 것'이라는 뜻이다. 이 단어는 팔레스타인 바깥에 거주하며 이방인들 사이에서 자신의 종교적 신념을 유지하고 있는 유대인들을 가리키는 말이다.

《Unger 새 성경 사전》(Mody, 1957)에서는 이 단어를 설명하면서 "'열 부족'은 (이전에 앗수르의) 포로 생활에서 절대로 돌아오지 않았고, 유대 족속과 베냐민 족속도 (바벨론에서) 완전히 돌아왔다고는 생각되지 않는다"라고 기록하고 있다.

포로로 잡혀갔던 모든 이들 가운데 오직 믿음이 있는 소수의 사람들만이 돌아왔다. 대다수 사람들은 자신이 묶여 있던 곳을 떠나 자유의 땅으로 돌아오지 않았고, 포로에서 자유의 몸으로, 과거의 사람에서 미래의 사람으로 변화되지도 않았다.

바벨론의 노예가 된 사람들은 이사야의 예언에 귀 기울이지 않았다. 그들은 생존하기 위해 속박된 땅에서 안주하였고, 자신들의 패배한 과거가 하나님께서 행하시는 '새로운 것들'을 앗아가도록 하였다.

하지만 담대히 앞서 나갔던 소수의 사람들은 예루살렘과 그 성을 재건축하고 자신들의 삶도 새롭게 시작하였다. 그들은 하나님의 뜻 가운데에서 번성하였다.

누군가 "포로생활은 이제 끝났소"라고 말해 주었을 때, 그 사실을 믿었으며 '끝'이라고 표시된 문을 향해 걸어 들어갔다. 끝이라는 말

실패한 과거, 올가미, 그리고 후회들은 이제 모두 그들 뒤에 있다. 당신은 끝난 일들을 진정으로 끝나게 하고 당신을 위하여 이미 싹을 틔운 미래를 향하여 걸음을 내딛을 준비가 되었는가?

은 그들에게 새 시작을 알려 주었다. 나는 그들을 가리켜 '이제 끝났다의 군중'이라고 부른다.

실패한 과거, 올가미, 그리고 후회들은 이제 모두 그들 뒤에 있다.

당신은 끝난 일들을 진정으로 끝나게 하고 당신을 위하여 이미 싹을 틔운 미래를 향하여 걸음을 내딛을 준비가 되었는가?

다음 장에서는 이 결정에 비추어 당신이 기대할 수 있는 몇 가지 일들을 살펴보고자 한다. 이제 건널목을 건널 시간이다. 그 길에는 아마 몇몇 함정들도 있을테고 가는 길이 약간 울퉁불퉁할 수도 있다. 하지만 염려하지 않아도 된다.

우리 안에 계신 하나님이 세상에 있는 그 어떤 것보다 크시고 위대하시기 때문이다.

·······················

1. 당신은 현재 끝이라고 표시된 문을 직면하고서 그 안으로 걸
   어 들어갈지 말지를 두고 고군분투하고 있는가? 그 안으로 간
   다면 무슨 일이 일어날 것 같아서 두려운가? 당당히 걸어가라.

2. 이제 모든 것이 끝났다고 생각될 때 당신은 어떻게 행동하였
   는가? 미련을 버리고 포기하고 새로운 방향으로 전환을 하였
   는가? 아니면 계속 그 길 위에서 헤맸는가? 지난 일은 이미
   지나간 일일뿐임을 명심하라.

9

건널목

그날 저물 때에 제자들에게 이르시되 우리가 저편으로 건너가자
하시니(막 4:35)

궁지에 몰린다고 해서 두려워하지 말라. 바로 그곳에서 열매를
거두리니   _ 작자미상

떠나야 할 곳과 도착한 곳 ▌

　　　　　　　　　　일단 "이제 끝났다"는 문제가 해결
되고 나면, 당신은 이제 하나님께서 예비해 두신 것을 향한 여정을
시작할 수 있다. 이제 당신은 의심의 여지없이 예수님께서 구세주,
치료자, 구원자라는 사실을 인정할 것이다.

　이에 더불어 나는 당신이 잠시 멈추어 건널목으로서 주님을 한 번
생각해 봤으면 한다. 성경을 보면 예수님께서 많은 사람들을 이곳에
서 저곳으로 '옮겨 주셨음'을 알 수 있다.

　아픈 이를 건강한 몸으로, 눈 먼 자를 빛으로, 미친 자를 온전하게,
절망한 사람을 소망의 사람으로, 그리고 여기에 한 가지를 덧붙여 과
거에서 미래로 옮겨 주셨다. 요컨대 예수님 사역의 핵심은 사람들을
A지점에서 B지점으로 인도해 주시는 것이었다.

　건널목을 지나는 과정 속에 있는 여행자들에게 성경은 일종의 가
이드북이다. 성경은 우리가 이 세상을 그저 통과하는 여행을 하고 있
을 뿐이라고 가르쳐 준다. 최종적으로 우리는 이 땅에서 떠나 하늘나
라로 건너간다. 우리가 세상 속에서 겪는 경험들을 보여주는 성경 속
의 인물들은 모두 '건널목' 사고방식으로 살았다.

　"이 사람들은 다 믿음을 따라 죽었으며 약속을 받지 못하였으되 그
　것들을 멀리서 보고 환영하며 또 땅에서는 외국인과 나그네로라 증

거하였으니 이같이 말하는 자들은 본향 찾는 것을 나타냄이라"
(히 11:13~14)

베드로는 "너희의 나그네로 있을 때를 두려움으로 지내라"(벧전 1:17)고 말했다.

나는 "너희의 나그네로 있을 때를"이라는 말을 들으면 히브리서에서 언급된 "이곳은 나의 집이 아니라"는 말을 메아리처럼 듣는 것만 같다.

지구라는 행성은 우리가 '여기 있을 때'에 잠시 거주하는 일종의 호텔과 같다. 우리는 곧 그때까지 머물던 한 거주지를 떠나 또 다른 곳으로 이동하게 될 것이다. 비록 아직 끝까지 가보지는 않았으나 여기가 최종 목적지는 아니라는 점 하나는 확실한 사실이다.

그리고 언젠가 건널목의 주님께서 곧 이 땅에서 하늘나라로 우리를 옮기러 돌아오실 것이다. 얼마나 황홀한 건널목이겠는가?

죽을 운명이었던 육체에 살던 우리가 일순간에 영생의 옷으로 갈아입고 눈 깜짝하는 사이에 이 땅에서 하늘나라로 건너가는 것이다. 예수님의 신부로서 우리는 건널목의 주님께서 역사상 가장 위대한 횡단을 거행하실 일을 조용히 기대하며 기다린다.

하지만 기다리는 동안에도 예수님께서는 우리에게 어딘가 다른 곳으로 건너가라고 분부하신다. 우리는 이 땅에서 하늘로 갈 뿐만 아니라 이생을 사는 동안 A지점에서 B지점으로도 건너간다.

'어딘가' 라는 곳이 과연 어디가 될지는 우리 각자의 행보에 따라 다르다. 우리 각자에게 주님께서 부여해 주신 소명, 그리고 우리의 영적 성장 속에서 주님께서 이루고자 하시는 일 등이 저마다 다르기 때문이다.

주님은 친숙한 물가를 떠나라고 우리를 부르시고 또 우리가 건널목을 지나도록 도우신다. 그 후에는 새로운 목적지 위에 우리를 세우신다. 우리는 정체되어 있기 위하여 부름받은 것이 아니라 끊임없이 앞으로 나아가기 위하여 부름받았다.

우리의 구원이 시작되는 곳은 일종의 건널목 상황이 아닌가? 죽음에서 삶으로 가는 건널목, 잃었던 삶에서 다시 찾은 삶으로 가는 건널목, 어둠에서 빛으로 가는 건널목, 이 모두는 새로운 탄생을 의미한다.

> "긍휼에 풍성하신 하나님이 우리를 사랑하신 그 큰 사랑을 인하여 허물로 죽은 우리를 그리스도와 함께 살리셨고"(엡 2:4~5)

그리스도와 만나게 된 바로 그 첫 순간이 일종의 건널목과 같은 상황이다. 그 첫 만남 이후로 우리는 예수님께서 인생의 많은 건널목의 주님이 되신다는 사실을 발견한다.

우리가 배우는 바와 같이 예수님께서는 과거에 애착을 쏟아 부어 아무 열매도 맺지 못하는 상황에서 빠져나와 자신이 예비한 미래 속

우리는 정체되어 있기 위하여 부름 받은 것이 아니라 끊임없이 앞으로 나아가기 위하여 부름 받았다. 먼저 과거를 놓아버리지 않고서는 앞에 있는 것을 향해 달려 나갈 수 없다.

으로 걸어가라고 우리를 부르신다.

"… 뒤에 있는 것은 잊어버리고 앞에 있는 것을 잡으려고"(빌 3:13)

먼저 과거를 놓아버리지 않고서는 앞에 있는 것을 향해 달려 나갈
수 없다. 오직 과거를 놓은 후에야 다음 단계로 건너갈 자유를 누린다.
주님은 또 다른 곳으로 들어가도록 이끄시려고 지금 있는 곳에서 나
오라고 우리를 부르신다. 주님께서는 우리에게 떠나라고 분부하신다.
예수님께서 A지점에서 B지점으로 이동하라고 자신의 배로 우리를
부르셨을 때, 거기에는 놀랄만한 것들이 기다리고 있다. 과거를 향하
던 우리의 고정된 시선을 거두고 나서 믿음과 소망을 통해 앞에 놓인
길들을 자세히 살펴보자.

시험이 오고 바람이 불어도

사복음서 가운데 오직 마가복음에
만 예수님께서 다섯 차례에 걸쳐 갈릴리 해변을 '건너가셨다' 는 사실
이 기록되어 있다. 만약 당신이 그분의 추종자였다면 아마 그 가운데
몇 번 정도는 목격했을 것이다.
그 다섯 차례 가운데 세 번은 제자들이 자발적으로 예수님을 따라

나선 것으로 보이고, 그 외 두 차례는 예수님께서 그들에게 함께 갈 것을 명령하신 것인데, 한 번은 예수님께서 배에서 베개를 베고 주무셨고, 다른 한 번은 예수님께서 그 배에 타고 계시지 않았었다.

이 두 차례의 뱃길에서 제자들이 재난을 만났다는 점은 흥미로운 사실이다. 한 번은 갑작스러운 성난 폭풍이 바다 한가운데로 몰아쳤으며, 다른 한 번은 '역풍'이 불어와 제자들의 힘겨운 노력을 모두 무용지물로 만들어 버렸다.

이 두 사건은 과거에서 미래를 향해 건너가는 우리의 실제 삶에도 적용해 볼 수 있는 영적인 진리이다.

건널목은 시험을 의미한다. 그리고 건널목을 건너면서 우리는 반대편까지 도착하기 위해 필요한 것들을 갖출 수 있게 된다.

첫번째 뱃길에서 제자들이 마주쳤던 폭풍은 갑작스럽고도 사나운 것으로 단순히 약간 무시무시한 정도 이상으로 위협적이었다.

> "큰 광풍이 일어나며 물결이 부딪혀 배에 들어와 배에 가득하게 되었더라 예수께서는 고물에서 베개를 베시고 주무시더니 제자들이 깨우며 가로되 선생님이여 우리의 죽게 된 것을 돌아보지 아니하시나이까 하니"(막 4:37~38)

주무시던 예수님께서는 일어나 그 바람과 파도를 꾸짖으셨고 이에 폭풍이 멈추었다. 그리고 바로 이 순간 열두 제자들은 자신들이 따르고 있는 분이 누구신지 깨닫기 시작하였다.

"저희가 심히 두려워하여 서로 말하되 저가 뉘기에 바람과 바다라
도 순종하는고 하였더라"(막 4:41)

두번째 뱃길에서 예수님께서는 제자들이 배를 타고 나가 있는 동안
해안가에 머무르시다가 기도를 하려고 산으로 떠나셨다. 한편 바다를
건너가던 열두 제자는 강하고 꺾을 수 없는 바람을 만나게 되었다.

"바람이 거스리므로 제자들의 괴로이 노 젓는 것을 보시고 …"
(막 6:48)

틀림없이 당신도 '괴로이 노 젓는' 데도 불구하고 어느 곳으로도
나아가지 못하는 듯한 느낌을 받아본 적이 있을 것이다. 사방에서 제
자들의 얼굴을 향해 물이 튀었고, 출렁대는 배 위에서 갖은 애를 다
써 본 그들에게 떠오르는 생각이라고는 오로지 절망뿐이었다.
"이거 예수님께서 명령하신 거잖아? 그렇다면 좀 더 수월해야 하지
않아? 왜 우리가 이렇게 미친 듯한 바람에 맞서 싸워야 하는 거지?"

그들이 고군분투하는 모습을 해안가에서 지켜보시던 예수님께서
는 제 사시 경(오전 3시)에 물 위로 걸어 그들에게로 다가가셨다.
그 모습을 보고 제자들은 유령인가 하여 소리를 질렀다. 그러자 예
수님께서는 그 즉시 "안심하라 내니 두려워 말라"고 하시며 평안의
말씀을 전하시고는 배에 오르셨다. 그러자 바람이 그쳤다.

우리가 과거에서 나와
그리스도를 따르겠다고
결심했을 때에는 항상
시련이 따르기 마련이다.
그러나 그런 일들을 만날 때
너무 놀라거나 겁내지 말라.

이 두 가지 사건을 마음 속에 새기길 바란다. 이 예화들은 강력하고 중요한 진리들을 보여주고 있다.

모든 건널목이 그렇듯이 우리가 과거에서 나와 그리스도를 따르겠다고 결심했을 때에는 항상 일종의 시련이 따르기 마련이다.

다른 편에서 당신을 기다리고 있는 육지에 도달하기 위해서 이쪽 편의 친숙한 해안을 떠나겠다고 다짐하면 가는 동안에 갖가지 폭풍우를 만나게 되는 것이 당연하다. 갑작스럽게 폭풍이 몰려와 당신의 조그마한 배를 거칠게 흔들어댈 수도 있고, 강하고 질긴 바람이 불어와 계속해서 앞으로 나아가려는 당신의 마음을 약하게 만들 수도 있다.

어떤 경우가 됐든지 간에 목적지에 도착하기 위해서 뒤의 것들을 놓아버리려는 당신의 결심은 때때로 울퉁불퉁한 길과 마주치게 된다. 그러나 그런 일들을 만날 때 너무 놀라거나 겁내지 말라.

"사랑하는 자들아 너희를 시련하려고 오는 불시험을 이상한 일 당하는 것 같이 이상히 여기지 말고"(벧전 4:12)

건널목은 우리를 믿음에서 믿음으로, 능력에서 능력으로 이끌어 준다.

건널목을 건널 때는 강하고 지혜로워져서 영적인 열매들을 거두는 데 더 많은 능력을 쌓도록 하는 결정적인 시기이다.

일단 건널목을 지나 반대편으로 가게 되면 우리의 모습은 결코 예전과 같을 수 없다. 건널목은 우리를 자라게 하고 하나님을 아는 지식을 충만케 하며 영적인 성장을 이루게 한다.

그렇기 때문에 하나님과 우리의 원수 모두가 이 점을 너무나도 중요시 여기는 것이다. 건널목을 만날 때마다 예수님께서는 우리에게 "반대편으로 건너가라"고 말씀하신다. 그 말씀을 듣는 우리는 기대 가득한 새로운 날이 이제 곧 오리라는 사실을 확신하며 담대히 건너야 한다.

과거에서 나와 앞을 향해 떠나는 여정을 위해서는 어떤 원칙들이 필요한지 다음의 예를 통해 알아보자.

아브라함의 건널목 : 미지의 세계 속으로 ▌

역사적으로 건널목의 기점은 좋은 이유에서든 나쁜 이유에서든 결정적인 순간들이었다는 이야기가 성경 속에는 가득하다.

먼저 하나님께서 후에 그 이름을 아브라함이라고 다시 불러주신 아브람의 이야기부터 시작해 보자.

하나님께서는 아브람에게 "너는 너의 본토 친척 아비 집을 떠나 내가 네게 지시할 땅으로 가라"(창 12:1)고 명령하셨다. 믿음의 아버지인 아브람은 그 말씀에 순종하여 안락한 곳(집, 가족, 익숙한 환경)을 두고 머나먼 땅으로 떠났다.

그는 여행의 첫번째 구간이었던 갈대아 우르 지방에서부터 세겜에 이르기까지 무려 400마일의 여정 동안 매 걸음걸음을 믿음으로 내디뎠다. 수백 마일에 달하는 미지의 영역을 건넜을 뿐 아니라 유프라테스의 거대한 강을 건너기도 했다.

미래에 아브람이 창대하게 된 것은 이러한 중대한 건널목의 시기가 있었기에 가능했다. 그에게 말씀하신 하나님의 약속을 주의 깊게 들어 보라.

> "내가 너로 큰 민족을 이루고 네게 복을 주어 네 이름을 창대케 하리니 너는 복의 근원이 될찌라 ··· 땅의 모든 족속이 너를 인하여 복을 얻을 것이니라"(창 12:2~3)

이 말씀 가운데에서 하나님께서 "내가 ···하겠다"라고 약속하신 것은 아브람이 우르 지방의 익숙한 해안가를 떠나 하나님께서 그에게 보이실 땅으로 건너갔기에 가능했다. 이 말을 달리 표현하면 건너감이 없으면 창대함도 없다 라고 할 수도 있다.

건널목들은 창대함을 창조한다. 건널목을 통과하는 이유는 단순히 반대편으로 도달하고자 함이 아니며, 그 여정을 지나는 동안 우리가 하나님께서 의도하신 형상대로 만들어지는 데 더 중요한 목적이 있다.

여행하는 동안 아브람은 하나님의 뜻에 더욱 합하게 되었을 뿐만 아니라 하나님과의 사이도 더욱 가까워졌다. 아브람은 기나긴 여정

동안에 시험과 유혹, 의심, 시련과 마주쳤다.

그러면서 하나님의 축복이 무엇인지 배웠으며, 동시에 하나님 아버지의 꾸짖음을 받게 되는 때가 언제인지도 배웠다. 아브람은 성공과 실패를 모두 겪었고, 인생의 좋은 때와 나쁜 때를 함께 경험했다.

그 모든 시기를 통과하면서 그는 결국 믿음의 아버지가 되었고, 그 건널목을 통하여 많은 민족의 아버지인 아브라함이 될 수 있었다.

아브람의 건널목에서 배울 수 있는 교훈은 미지의 결과를 앞에 두고도 하나님을 신뢰하는 것이라는 생각이 든다. 아브라함은 여러 가지 미지의 상황에 직면하였으나 걱정하지 않고 오로지 자신의 미래를 만들어 주시는 하나님만을 신뢰했다.

그에게 몇 가지 미지의 것들은 다음과 같다.

✚ _ 아브라함은 자신의 여정이 어떻게 펼쳐질지 알지 못했다.

"너는 너의 본토 친척 아비 집을 떠나 내가 네게 지시할 땅으로 가라"(창 12:1)는 하나님의 명령을 듣고 갈 바를 알지 못했지만 그는 떠났다.

✚ _ 아브라함은 하나님께서 약속으로 주신 아들 이삭을 바치라고 하실 때 기꺼이 하나님의 명령에 따라 그를 바쳤다. 아브라함이 자신의 아들을 희생 제물로 바치려 했던 것을 멈출 수 있었던 이유는 오직 여호와의 사자가 나타나 이를 말렸기 때문이었다.

여정을 계속해 나갈 때 앞 유리를 통해 보이는 넓은 길에는 우리를 놀라게 하는 여러 가지 뒤틀린 길과 우회로도 있을 것이다. 희미하여 앞이 잘 보이지 않을 수도 있다. 하지만 반대편으로 건너가려고 한다면 그런 것들 때문에 주저하거나 망설여서는 안된다.

아브라함처럼 갈 바를 알지 못해도 하나님만을 의지하며 앞으로 나가야 한다. 그러면 그 곳에 하나님의 예비하심이 선물처럼 준비되어 있을 것이다. 하지만 건너가지 않는다면 하나님의 예비하심을 발견할 수 없을 것이다.

건널목을 통과하는 이유는 단순히 반대편으로 도달하고자 함이 아니며, 그 여정을 지나는 동안 우리가 하나님께서 의도하신 형상대로 만들어지는 데 더 중요한 목적이 있다.

이스라엘의 건널목 : 새로운 곳으로

하나님께서는 이스라엘 민족 전체가 역사적인 횡단을 거행하도록 준비시키고자 모세를 세우셨다. 열 가지 재앙 중 장자의 죽음을 당하자 바로는 마침내 이스라엘 백성들이 그곳을 떠나 자신들의 하나님을 섬길 수 있도록 그들을 풀어주었다.

성경을 보면 이스라엘은 약속의 땅으로 들어가기 위해 세 차례의 중요한 횡단(홍해, 광야, 요단강)을 거행하도록 부름받았다는 사실을 알 수 있다.

홍해와 광야를 건너면서 그들은 우리가 생각했던 방식의 도전과 시련을 배웠다. 하지만 요단강을 건널 때는 조금 다른 교훈을 배웠는데, 이는 다음 부분인 '여호수아의 건널목'에서 논의될 것이다.

홍해라는 첫번째 도전은 이스라엘 백성들이 애굽에서 구출된 직후에 일어났다. 이때 이스라엘 민족 전체는 전혀 헤쳐 나올 수 없는 곤경에 빠진 듯하였다. 넘실대는 거대한 바다가 그들 앞에서 길을 막아 섰고, 바로의 성난 군대는 그들의 뒤를 바짝 추격하였다.

백성들은 "애굽에 매장지가 없으므로 당신이 우리를 이끌어 내어 이 광야에서 죽게 하느뇨"(출 14:11)라고 모세에게 소리 질렀다.

이 이야기를 보면 마치 폭풍이 거세게 몰아치던 갈릴리 바다를 건널 때 예수님의 제자들이 "우리가 죽게 된 것을 돌아보지 아니하시나이까?"라며 예수님께 소리쳤던 때를 또렷하게 보는 듯하다.

물론 하나님께서는 언제나 그들이 상상할 수 있는 것보다, 또한 우리가 추측할 수 있는 것보다 훨씬 더 많이 우리를 돌보신다. 이스라엘 백성들에게 홍해의 도전은 그들을 향한 하나님의 인도하심을 파악할 수 있는 기회였다.

그 다음 건널목 역시 그들로 하여금 자기를 바라보고 또한 자신의 믿음을 바라볼 수 있도록 도와주려는 목적에서 설계된 것이었다. 하지만 이번에는 조금 다른 접근법이 사용되었다.

홍해를 건너는 것은 애굽, 노예생활, 그리고 소망 없는 현실로 대표되는 모든 문제들에서 그들을 구원하기 위함이었다. 반면에 광야

를 건너는 것은 그들에게서 애굽을 없애기 위해서
설계된 것이었다.

이스라엘 백성들이 지리적인 차원에서 애굽을
떠난 것은 사실이었으나, 그들의 마음은 애굽을 떠
나지 못하고 있었다. 그들은 첫번째 건널목을 성공
적으로 통과했지만, 두번째 건널목에서는 비참하
게도 실패하였다. 하지만 여기에서도 한 가지 중요한 점을 볼 수 있
다. 건널목을 성공적으로 지나면 다음 번 건널목을 통과할 수 있는
자격을 얻게 된다는 것이다.

홍해를 건넘으로써 이스라엘 백성들은 광야로 들어갈 자격을 얻었
다. 여기서 그들이 광야의 건널목을 성공적으로 건넜다면 그 다음 요
단강을 건너기 위해서 준비될 수 있었을 것이고 마침내 약속의 땅에
도 들어갈 수 있었을 것이다.

하나님께서 택하신 민족으로서 모든 잠재력을 가졌던 그들이, 40
년이라는 긴 시간 동안 좌절을 경험하면서 어리석은 행동들을 했던
까닭은 무엇이었을까? 그들은 온 마음을 다하여 그 다음 건널목을 건
널 것에 초점을 맞추고 있지 않았기 때문이다.

건널목을 건너는 데 초보자였던 그들은 과거에 머무르기를 원했
다. 약속을 받았던 이 백성들은 어려운 일들에 마주치자 재빨리 과거
로 눈을 돌려 뒤를 돌아보았다.

"그들에게 이르되 우리가 애굽 땅에서 고기 가마 곁에 앉았던 때와

건널목 **213**

떡을 배불리 먹던 때에 여호와의 손에 죽었더면 좋았을 것을 …"

(출 16:3)

물론 이러한 불평은 전혀 이치에 맞지 않는 말이었다. 그들의 비참했던 역사는 애굽에서 이미 도를 넘어섰었다.

하나님께서는 "내가 애굽에 있는 내 백성의 고통을 정녕히 보고 그들이 그 간역자로 인하여 부르짖음을 듣고 그 우고를 알고"(출 3:7)라고 말씀하셨다.

압제, 울부짖음, 간역자들, 그리고 슬픔. 이런 단어들을 보면서 볼거리 가득한 휴양지의 모습을 떠올리는 이는 아마 없을 것이다.

하지만 놀랍게도 이스라엘 백성들은 이중 덫에 빠지고 말았다. 그들은 과거 속에서 주저하고 있었을 뿐만 아니라 잘못하여 자신들의 과거 생활을 낭만적으로까지 생각하고 있었다.

광야의 건널목을 성공적으로 건너기 위해서 그들은 과거를 놓아버리고 약속의 땅에 초점을 맞춰야 했다.

광야를 건너는 데 실패했던 이스라엘의 모습을 통해서 과거를 향한 생각들은 앞으로 나아가는 데 방해가 된다는 교훈을 얻을 수 있다.

출애굽을 시작할 때부터 이스라엘의 가장 큰 적은 바로 이스라엘 백성들 자신이었다. 부족한 물, 매일 내려지는 뻔한 만나, 또는 그들이 가나안 땅을 탐지할 때에 보았던 기골이 장대한 사람들, 이 모든 상황들이 이스라엘 백성들을 낙담시켰던 것이 아니다.

이스라엘 백성을 무너뜨린 것은 바로 그들 자신이었다. 바로 자신들이 최악의 적이었던 것이다.

건널목들은 우리를 변화시키기 위하여 다가온다. 건널목은 생각의 허점들을 드러내 주고, 마음을 새롭게 하고자 하는 동기를 품게 해주어서 우리를 건널목 반대편 쪽으로 건너가게 한다. 우리가 과거에서 미래를 향해 성공적으로 '건너가기' 위해서는, 부정적이고 패배적인 생각들이 우리의 승리를 앗아가도록 놔두어서는 안된다.

우리가 안고 있는 문제들이 앞유리를 통해서 보는 시야를 흐리게 할 수 있다. 그러므로 우리는 끊임없이 차를 세워서 하나님의 말씀을 손에 들고 시야를 막고 있는 먼지들을 닦아내야만 한다.

여호수아의 건널목 : 순종 ▮

우리는 성경 속 이야기를 통해 건널목 사건이 새로운 시작, 새 지평, 그리고 거룩한 성장에 앞서 나타난다는 사실을 발견할 수 있다.

약속의 땅에 들어가는 것도 이와 다르지 않았다. 광야를 방황하던 이들의 자손은 자신들의 부모가 약속에 땅에 들어가지 못한 모습을 지켜보았다. 그러면서 자신들은 그들과 같이 광야에서 죽기를 원치 않았다.

여호수아는 제 2세대를 약속의 땅으로 건너갈 수 있도록 준비시키는 데 혼신의 힘을 기울였다. 여호수아는 그들에게 "양식을 예비하라 삼일 안에 너희가 이 요단을 건너 너희 하나님 여호와께서 너희에게 주사 얻게 하시는 땅을 얻기 위하여 들어갈 것임이니라"(수 1:11)고 말했다.

그 밖의 더 자세한 지시사항들을 내리고 나서 여호수아는 "너희가 이전에 이 길을 지나보지 못하였음이니라"(수 3:4)고 순종의 중요성을 강조하였다.

아브라함의 이야기에서도 보았듯이 건널목을 지나갈 때에는 대개 미지의 상황들을 만나게 된다. 2세대 이스라엘인은 이제 전혀 새로운 방식으로 여행하여 새로운 장소로 이동해야 했다.

위의 4절 말씀에서 '지나보지' 라는 단어에 주목하라. 스트롱의《주석》에 따르면 지나다 라는 단어는 히브리어인 abar에서 유래된 말로 '건너가다, 넘어가다, 통과해 가다' 등의 의미를 내포하고 있다. 또 다른 의미로는 '한쪽 편에서 다른 쪽 편으로 통과하다' 라는 것이다.

abar에서 나온 중요한 파생어 가운데 ibri라는 단어가 있는데, 이는 '히브리Hebrew' 를 의미한다. 그리고 히브리는 당연히 아브라함과 그의 자손들로 이루어진 민족을 지칭하는 말이다. 따라서 히브리 민족은 '한쪽 편에서 다른 쪽 편으로 건너가다' 라는 의미가 담긴 단어를 이름으로 둔 것이다.

믿음의 아버지인 아브라함과 함께 우리의 영적 조상들은 '건너간 사람들' 이라는 새로운 이름을 부여받기 위하여 창조된 사람들이었다.

건널목을 건너려면 갈등과 어려움들이 따를 수도 있다. 하지만 당신은 반대편으로 안전하게 건너가 그곳에서 건널목의 주님이신 예수님을 만나야 한다.

이 모든 것들이 우리에게 의미하는 바는 무엇일까? 하나님께서 우리에게 불완전함에서 온전함으로, 정체에서 나아감으로, 불신에서 믿음의 행보로 (A지점에서 B지점으로) 건너가라고 하실 때, 그분께 순종하고 건너가는 자세가 우리의 영적인 혈통 속에 내재되어 있다는 것이다.

우리의 영적 조상들은 이미 우리 앞에서 그 모든 건널목을 건넜다. 건널목을 건너려면 갈등과 어려움들이 따를 수도 있다. 폭풍과 끈질긴 바람이 당신이 가는 길목을 막고 몰아칠 수도 있다. 하지만 당신은 반대편으로 안전하게 건너가 그곳에서 건널목의 주님이신 예수님을 만나야 한다.

제사장들이 메야 했던 언약궤가 이스라엘 백성들 앞에서 천 야드를 지날 때까지 기다리라고 여호수아가 지시했던 것은 매우 의미있는 행동이었다.

궤는 이스라엘의 소유물 가운데에서 가장 거룩한 것이었고, 이는 곧 하나님의 임재를 뜻했다. 이스라엘 백성들이 궤의 신성함을 잊지 않도록 하기 위해서 궤와 백성들 사이의 거리는 유지되어야 했다.

이때 그 궤 안에는 가장 중요한 것이 담겨져 있었다. 그 속에는 첫째, 하나님께서 공급자가 되신다는 사실을 나타내주는 만나가 들어 있었다. 그리고 하나님의 권위를 상징하는 아론의 지팡이도 들어 있었고 마지막으로 궤 속에는 십계명, 즉 하나님의 말씀이 들어 있었다.

하나님께서 우리를 부르셔서 과거에서 빠져나와 앞을 향해 건너가라고 말씀하실 때, 구약성경의 이 언약궤는 영적 진리를 나타내 준다.

우리는 새 언약의 궤가 되신 예수님을 우리 마음에 거룩하게 간직하고, 그분께 합당한 경외심을 보여드리기를 잊지 말아야 한다. 또한 예수님께서 우리의 공급자요, 최고 권위자이시며, 하나님의 말씀이 되신다는 사실도 결코 잊어서는 안된다. 어떤 믿음의 길을 걷든지 간에 우리는 이러한 진리들을 꼭 붙들어야 한다.

건널목 너머에 무엇이 있든지 간에 우리가 '이전에 그 길을 지나가 보지 못했다' 는 점은 확실하기 때문이다.

제사장들이 요단강의 차갑고 질퍽한 물 속에 발을 담그자마자 "곧 위에서부터 흘러내리던 물이 그쳤던"(수 3:16) 사건은 모세의 인도 아래 홍해가 갈라졌던 추억을 상기시킨다. 광야를 방황했던 첫번째 세대의 자녀들은 요단강의 마른 땅으로 건너가서 그렇게도 갈망하던 약속의 땅에 발을 내딛을 수 있었다.

여호수아의 건널목 이야기에서 우리는 순종을 통한 승리의 교훈을 얻을 수 있다.

이전에 전혀 가보지 못했던 장소이지만 순종함으로 발을 내딛을 때 거기에 미래의 약속의 땅이 준비되어 있던 것이다.

1. 과거에서 이제 그만 눈을 떼라는 하나님의 부르심을 감지했을
   때, 당신이 보인 반응은 무엇이었는가? 두려웠는가? 아니면
   기대에 벅차올랐는가?

2. 현재 당신이 처한 건널목과 같은 상황을 표현한다면 불확실
   한 결과라는 시험을 잘 치르고 있다고 말할 수 있겠는가? 갈
   바를 알지 못하지만 떠나고, 하나님만을 의지하고 새로운 곳
   을 향하여 나아가고, 하나님의 말씀에 순종하고 있는가?

10

건너편

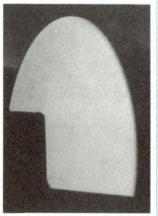

예수께서 바다 건너편 거라사인의 지방에 이르러(막 5:1)

당신의 작은 행동 하나가 다른 사람의 인생의 흐름을 바꿔놓을 수도 있다.　　　　　　　　　　　　　　　　　　　_ 작자미상

나의 고통의 경험이 다른 이들에게 위로가 되고

수많은 얼굴들이 당신 앞에 있다고 잠시 상상해 보라. 그들이 누구인지 당신은 알지 못하며, 그들도 당신이 누구인지 모른다. 적어도 아직까지는.

그 군중을 살펴보니 그들 가운데 몇몇은 굉장히 슬퍼 보인다. 다른 사람들은 걱정과 스트레스를 가득 안은 듯 피곤해 보인다. 그리고 또 다른 몇몇은 어리둥절해 보인다. 패배자 같은 어떤 사람들은 모든 힘이 고갈되고 소망마저 다 말라버린 듯하다. 그 얼굴들을 눈앞에 두고 보려니 당신 마음 또한 그들을 향한다.

이 사람들은 과연 누구인가? 그들은 건널목 건너편에서 당신이 오기를 기다리고 있던 이들이다.

당신이 지금까지 그 모든 건널목들을 통과한 이유 가운데 하나는 다른 사람들의 삶을 어루만지기 위함이었다. 당신이 건너왔던 길과 같은 길을 지금 걷고 있는 사람들과 당신 사이에 신성한 만남이 예비되어 있다.

하나님께서 당신을 건널목으로 건너게 하시며 강하게 하시고 가르치시고 이끌어 주시면서 마음 속으로 그들을 생각하고 계셨다. 그들은 당신이 물음표가 아니라 해답을 제시하기 위하여 창조되었다는 사실을 보여주는 산 증인들이다.

그들이 직면한 많은 문제들은 당신이 새로운 뱃길로 발을 내딛어 그들과 만나기 전까지는 풀리지 않은 채로 그대로 남아 있을 것이다.

하나님께서 내 사생활을 다루시는 목적이 단순히 나에 관한 것이라든가 나를 위한 것만은 아니라는 사실을 발견하기까지는 어느 정도 시간이 걸렸다. 하나님의 마음 속에는 다른 이들도 있었다.

> "우리의 모든 환난 중에서 우리를 위로하사 우리로 하여금 하나님께 받는 위로로써 모든 환난 중에 있는 자들을 능히 위로하게 하시는 이시로다"(고후 1:4)

하나님께서는 모든 환난 중에서 우리를 위로하시고, 이로써 결과적으로 우리도 환난 가운데 있는 다른 이들을 위로할 수 있게 하신다.

당신은 항상 있는 것만을 내어줄 수 있을 뿐, 당신에게 없는 무언가를 베풀기란 불가능하다. 마치 문제 있는 사람들이 다른 이들에게 문제를 일으키듯이, 당신이 치유받은 사람이라면 당신 또한 다른 이들에게 치유를 전할 수 있을 것이다. 각각의 경험들은 삶의 경주 속에서 당신이 다른 누군가에게 건네주는 바통과도 같다.

마음에 상처를 입은 사람을 돕는 데, 자신이 직접 똑같은 고통을 경험하고 새로운 시작으로 건너간 사람보다 더 유능한 자가 누가 있겠는가? 절망의 수렁에 빠진 사람을 끌어 올리는 데, 자신이 직접 실패를 딛고 올라온 사람보다 더 용기를 줄 수 있는 자가 누가 있겠는가? 충격적인 사건에 휩싸인 사람을 끔찍한 기억에서 끌어내 다시금 살아가도록 돕는 데, 자신이 직접 과거에서 마음을 돌려 미래로 가는 법을 배운 사람보다 더 효율적으로 이끌 수 있는 이가 누가 있겠는가? 그리고 용서해야 할 일로 말미암아 쓴 뿌리를 품어 고군분투하고 있는 사람에게 용서를 베풀도록 하는 데, 자신이 직접 타인에게 무례함을 당해서 충격을 받았던 사람보다 더 잘 격려할 수 있는 자가 누가 있겠는가?

그리스도와 함께 수년간 동행하면서 내가 깨달은 점이 있다면, 삶의 여러 굴곡과 승리와 패배를 통해서 하나님께서는 우리에게 간증거리들을 주신다는 사실이다. "저는 상처와 고통의 결과로 과거라는 덫에 걸렸었죠. 하지만 주님께서 나를 구하셔서 새로운 시작을 향해 나갈 수 있게 해 주셨어요"라고 말할 수 있는 사람에게 악마의 간궤는 전혀 먹혀들지 않는다.

요한은 간증이 지닌 힘을 다음과 같이 말했다.

> "또 여러 형제가 어린양의 피와 자기의 증거하는 말을 인하여 저를 이기었으니 그들은 죽기까지 자기 생명을 아끼지 아니하였도다"
>
> (계 12:11)

물론 예수님의 열두 제자들은 그분을 개인적으로 보았으며, 그분의 능력을 목격하였다.

몇 년이 지난 후에 베드로는 "우리는 그의 크신 위엄을 친히 본 자라"(벧후 1:16)고 선포하였다. 또한 요한은 "태초부터 있는 생명의 말씀에 관하여는 우리가 들은 바요 눈으로 본 바요 주목하고 우리 손으로 만진 바라"(요일 1:1)고도 선포한 바 있다.

자신들의 경험으로 말미암아 그들은 그리스도를 매우 효과적으로 증거할 수 있었다. 더불어 누가는 이 땅에서 그리스도의 행적을 올바로 기록하는 데 이러한 개인적인 이야기들이 얼마나 중요한지 설명하였다.

> "우리 중에 이루어진 사실에 대하여 처음부터 말씀의 목격자 되고 일꾼된 자들의 전하여 준 그대로 내력을 저술하려고 붓을 든 사람이 많은지라"(눅 1:1~2)

그리고 오늘날 우리는 여전히 그분의 능력을 증언한다. 하나님께서는 문제를 통하여 당신을 부르신다. 그리고 그 문제를 통하여 "제 눈으로 그분의 구원의 능력을 보았답니다"라고 말할 수 있도록 당신이 간증할 일들을 허락하신다.

간증은 극심한 시련의 압박 속에서 생겨난 다이아몬드이다. 또한 간증은 진주조개가 모래 덩어리로 인해 상처를 받으면서도 그 모래 덩어리를 품고 있을 때 생겨나는 진주와도 같다.

하나의 간증은 하나님의 살아계심을 찾고 구하는 영혼들 속에 경종과 같은 진리를 울려준다. '시험'과 '고통'이 없는 간증은 없다. 하지만 일단 그 일들을 통과하고 나면 당신은 다른 이들의 삶에 역사하는 사탄의 수작들을 휩쓸어버릴 수 있는 힘을 얻게 된다.

앞일을 위하여 준비됨

예수님의 제자들이 갈릴리 바다를 건넜던 두번의 이야기로 다시 돌아가 보자.

첫번째 뱃길에서 열두 제자는 예수님께서 하나님이라는 사실을 점점 깨닫게 되었다. 예수님의 말씀에 바람과 바다라도 순종하는 것을 보고 깜짝 놀란 그들의 생각은 오직 한 가지 결론에 이르게 되었다.

'하나님이 아니시면 누가 바람과 파도를 명령하고 주관할 수 있겠는가? 하나님 외에 그 누가 마치 우는 아이를 달래듯 맹렬한 폭풍에게 멈추라고 명령할 수 있겠는가?'

뱃길을 건너고 나서 열두 제자들은 가다라의 해변에 도착했다. 거기에는 무덤에서 뛰쳐나온 귀신들린 사람이 있었는데 그가 제자들에게 달려들었다. 마가는 "배에서 나오시매 곧 더러운 귀신들린 사람이 무덤 사이에서 나와 예수를 만나다"(막 5:2)라고 기록하였다.

그들에게 닥친 상황이 얼마나 공포스러웠는지 상상해 보기란 어렵지 않다. 사실상 귀신들림에 관한 모든 기록들 가운데 이 사건은 특히나 더욱 놀랍고 감당하기 힘든 경우였다.

가다라의 미치광이는 제멋대로 돌아다녔고, 이 땅의 그 어떤 규제도 그를 제압하지 못했다. 초자연적인 힘을 소유하고 있었기 때문에 그는 사슬도 마치 나뭇가지인 양 부러뜨렸다. 귀신에게 사로잡힌 그 불쌍한 사람은 울며 자기를 돌로 치고 벌거벗은 채로 돌아다녔고 그

몸은 자해한 상처들로 가득했다. 또한 그
는 이웃의 무덤가에서 살며 그 도시의 입
구를 막아섰고, "아무도 그 길로 지나갈
수 없을 만하더라"(마 8:28)고 할 정도로 실
로 거대하고 무시무시한 괴물 같았다.

뱃길에서 지나야 했던
폭풍과 환난은 제자들이
건너편에서 만나게 될
도전들과 해야 할 사역들을
위해 반드시 필요한 것이었다.

그는 사탄이 노예로 사로잡은 사람들에게 어떤 짓을 하는지 보여
주는 상징이다.

그런 자가 멀리서 예수님을 보고 그분의 발 앞으로 달려와 엎드렸
고, 갑자기 자기 목소리와는 다른 이상한 목소리로 자신들은 '군대'
라고 말하였다.

그 당시의 로마 군대는 약 6천 명으로 구성되었다. 즉 군대legion란
막강한 힘을 보유한 잘 조직된 그룹을 상징하는 말이었다. 이런 상황
에서 정상인이라면 누구라도 겁에 질려 달아나는 것이 당연하였다.

여기서 잠시 멈추어 제자들이 방금 전에 어떤 것을 배웠었는지 기
억해 보자. 예수님께서 폭풍을 잠재우시고 나서 그들이 보였던 반응
을 기억하는가?

"저가 뉘기에 바람과 바다라도 순종하는고"(막 4:41)하고 말했다. 달
리 말해 제자들은 그 어떤 폭풍도 예수님께서 잠재우실 수 있음을 보
았다. 그랬기에 귀신들린 이 가엾은 영혼을 바라볼 때 이 사람 안에
있는 끔찍한 폭풍도 예수님 앞에서 고개 숙일 것이라는 것을 알고 있
었던 것이다.

이제 감이 잡혔는가? 그 뱃길에서 지나야 했던 폭풍과 환난은 제자들이 건너편에서 만나게 될 도전들과 해야 할 사역들을 위해 반드시 필요한 것이었다.

카다라의 미치광이가 놀란 눈으로 바라보았던 이들은 그저 평범한 경험을 해온 보통 사람들이 아니었다. 그가 마주하고 있던 열두 명의 제자들은 목숨을 위협하는 폭풍을 단순히 말씀만으로 잠잠케 하시는 만유의 주재를 직접 목격한 자들이었다.

그 미치광이도 신체적인 힘에서는 무시무시할 정도로 초자연적인 능력이 있었지만 예수님의 상대는 될 수 없었다. 예수님께서는 신성한 분으로서 최고의 초자연적인 힘을 소유하셨기 때문이었다.

제자들은 공포에 질린 눈으로 이 상황을 대하지 않았다. 그들은 자신들을 물 가운데로 건너도록 인도하신 그분을 향한 믿음의 눈으로 무슨 일이 일어나는지 지켜보았다. 그들의 믿음이 바르게 자리 잡혀 있었음이 증명됐다.

예수님께서는 고통스러워하는 사람을 사로잡고 있는 사탄의 성난 군대를 완벽히 통제하셨다. 그 악령은 돼지 떼에게 들어가게 해 달라고 했고, 예수님께서는 이를 승낙하셨다.

> "더러운 귀신들이 나와서 돼지에게로 들어가니 거의 이천 마리 되는 떼가 바다를 향하여 비탈로 내리달아 바다에서 몰사하거늘"
> (막 5:13)

바다의 폭풍이 '극도의 고요함'으로 변화되었듯, 그 도시 전체를 공포에 떨게 했던 귀신들린 사람도 이내 옷을 입고 정신이 온전하여져 앉았다.

이 땅에서 예수님께서 다루지 못할 위기는 없다. 그분은 모든 폭풍과 불가능, 그리고 딜레마를 다스리시는 분이시다.

이에 비추어 보니 이후에 시몬 베드로가 감옥에 갇혔을 때, 심한 채찍과 사형을 당할지도 모르는 그 순간에도 고요히 잠을 청할 수 있었다는 사실이 그리 놀랍지 않다.

"베드로가 두 군사 틈에서 두 쇠사슬에 매여 누워 자는데"(행 12:6)

이런 상황에서 그는 어떻게 잠을 청할 수 있었을까? 그는 삶을 통해서 건널목을 몇 차례 건넜기 때문에 이처럼 잠을 잘 수 있었으리라고 생각한다. 그 시기를 거치면서 베드로는 열한번째 계명이라고 명명할 수 있을 만한 교훈(두려워하지 말지어다)을 배웠던 것이다.

보다 큰일을 위하여 준비함 ▮

우선 두번째 뱃길에 앞서 무슨 일이 있었는지부터 살펴보고 가자.

예수님께서는 수천 명에 달하는 큰 무리의 사람들에게 말씀을 가르치고 계셨다. 성경에는 그 자리에 5천여 명의 사람들이 있었다고 기록되어 있으므로 적어도 이와 동일한 수의 여자와 어린 아이들도 그곳에 있었다고 가정해 볼 수 있다.

날이 저물자 사람들은 허기가 졌다. 제자들은 예수님께 "무리를 보내어 두루 촌과 마을로 가서 무엇을 사 먹게 하옵소서"라고 말하였다. 이 말에 예수님께서는 엉뚱하게도 "너희가 먹을 것을 주라"고 대답하셨다.

제자들은 이들을 다 먹일 수 있는 음식을 사오는 것은 불가능하다고 대답했다. 그때 예수님께서는 그들 가운데 음식이 얼마나 있는지 물으셨다. 그들은 "떡 다섯 개와 물고기 두 마리가 있더이다"하고 대답했다.

예수님께 필요한 것은 그것이 전부였다. 예수님께서는 어린아이가 드린 오병이어를 받으시고 축사하시고, 그것을 떼어 사람들에게 나누어 주셨다. 놀랍게도 제자들이 그 많은 사람들에게 음식을 나누어 주었는데도 음식은 모자라지 않았다.

오천 명이 배불리 먹고도 열두 광주리가 남았다. 음식이 전무했다고 말할 수 있는 상황 속에서 무려 만 명이 넘는 사람들이 배불리 먹은 것이다(막 6:30~44).

이제 두번째 뱃길 이야기로 들어가 보자.

"예수께서 즉시 제자들을 재촉하사 자기가 무리를 보내는 동안에 배 타고 앞서 건너편 벳새다로 가게 하시고"(막 6:45)

예수님께서는 제자들이 바다로 배를 타고 나가는 동안 해안에 머무셨다. 그리고 기도하러 산으로 가셨다.

배를 타고 바다를 건너가던 열두 제자들은 강하고 끈질긴 바람과 마주쳤다. 바람이 거스르므로 제자들은 괴로이 노를 저으면서 애쓰고 있었다. 그때 예수님께서 바다 위로 걸어 오셨다.

한밤 중에 바다 위로 걸어오시는 예수님을 본 제자들은 유령인 줄 알고 겁에 질려 소리 질렀다. 예수님은 그들에게 안심하라 말씀하시며 배 위에 오르셨는데, 예수님의 발이 배에 닿자마자 바람이 멈추었다.

건널목에서 겪는 일들은 이와 같다. 하나님께서 무언가 보다 큰일을 위해 우리를 준비시키실 때 우리가 만나는 교훈들은 전혀 기대치 못했고, 이례적이고, 초자연적인 것들이다.

건널목은 이전에 알지 못했던 하나님의 또 다른 모습을 우리에게 끊임없이 소개해 준다. 하나님께서 우리의 조그마한 이해의 틀(하나님이 누구신지를 두고 우리 마음 속에 만들어둔 선입관들) 속으로 걸어 들어오셔서 그 틀을 깨실 때가 바로 이러한 건널목과 같은 상황이다.

두번째 뱃길을 행한 목적은 우선 당연히 자연적인 것이었다. 그들은 자신들이 오기만을 기다리는 더 많은 무리가 사는 벳새다에 가야만 했다.

예수님께서 물 위로 걸어오시는 것을 보고 제자들이 너무나 놀랐던 데에는 한 가지 이유가 있다고 마가는 말한다.

> "이는 저희가 그 떡 떼시던 일을 깨닫지 못하고 도리어 그 마음이 둔하여졌음이러라"(막 6:52)

첫번째 건널목에서 제자들은 예수님께서 하나님이시라는 사실을 깨닫기 시작했다. 폭풍을 잠재우신 그분께서는 분노로 들끓는 미치광이도 잠재우셨다. 하지만 예수님의 권능과 선하심이 얼마나 큰지 그들은 아직도 깨닫지 못하고 있었다. 그들 마음이 둔하여졌기 때문이었다.

예수님께서 오병이어의 기적을 통해 무엇을 가르치고자 하셨는지 이해했더라면 아마 그들은 물 위를 걸으신 예수님의 능력을 보고 놀라지 않았을 것이다. 예수님께서는 아마 다음과 같이 말씀하셨을 것이다.

"애들아, 너희가 만나게 될 수많은 이들에게 조금이라도 영향력을 끼치고자 한다면 지금 너희가 누구와 동행하고 있는지 이해해야 한다. 큰 영향력을 끼치려면 반드시 크신 하나님을 알아야 한다. 너희가 바다에서 고군분투하며 힘들어할 때 내가 해안가에서 기다린 이유는 너희를 곤란케 하는 바로 그 문제 위에서 내가 걷고 있음을 보여주기 위해서였다. 나는 하나님이다. 너희가 지금쯤이면 이 사실을 이해하기를 바란다. 우리는 곧 건너편으로 가서 수없이 많은 사람들을 만나게 될 것이다. 우리는 이 도시, 저 도시를 여행하면서 힘든 삶을 살고 있는 사람들을 만나게 될 것이다. 그들은 아프고 죽어가는 이들을 거리로 데리고 올 것이다. 그들에게는 기적을 행하며, 자신들의 필요를 채워주고, 삶을 구원해 주며, 모든 문제 위에 있는 메시야가 필요하다. 준비되었느냐? 보아라. 건너편 해안이 가까이 오고 있다. 그들이 기다리고 있다."

제자들은 과연 예수님의 뜻을 이해했을까? 주님은 자연 법칙에 종속된 분이 아니라 그것을 훨씬 뛰어 넘는 분이셨다. 자연 법칙은 명백히 그분의 명령 아래에 있었다. 바다의 폭풍? 바람과 파도는 그분의 계획을 방해하지 못했다. 망망한 바다를 걸어서 건너가는 일? 그분께서 깊고 어두운 바다를 조용히 걸어서 건너가시는 데 중력은 문제가 되지 못했다. 절망? 질병? 죽음? 이 땅 위의 그 어떤 힘도 그분의 사명을 막을 수는 없었다.

이러한 계시들은 단순히 그 순간 이해하고 넘어갈만한 평범한 교훈이 아니었다. 제자들이 건널목의 상황을 거치는 동안에 예수님께 배운 모든 일들은 그들이 건너편에 도착한 그 순간부터 다른 이들에게도 매우 귀중한 교훈이었다.

이것이 바로 당신의 '건널목'이 지니는 의미이다. 건널목은 예전의 당신처럼 상처 입은 사람들과 신성하게 만나기 위해, 당신이 준비되어야 하기 때문에 계획된 것이다.

어느 날 베드로와 요한은 성전에 기도하러 올라가고 있었다. 그들은 이미 예비된 수없이 많은 사람들을 만나 감동을 안겨 주었다.

수장절 예배의 열기는 매우 뜨거웠다. 베드로는 거기서 자신의 첫번째 설교를 했다. 영적으로 굶주린 3천 명의 사람들이 3분 길이의 메시지를 듣자마자 구원을 얻었다.

건널목은 예전의 당신처럼 상처 입은 사람들과 신성하게 만나기 위해, 당신이 준비되어야 하기 때문에 계획된 것이다.

의심의 여지없이 제자들은 예수님께서 설명하셨던 모든 일들을 이해하고 깨닫게 된 것이다. 그들이 경험한 건널목의 상황들은 모두 예수님이 누구신지를 보여주는 것이었다.

베드로와 요한이 길을 걷고 있는데, 성전 문밖에 앉아 있던 한 불구자가 "한 푼만 도와주십쇼"라고 구걸하였다. 베드로가 그에게 전한 말을 보면 우리는 그가 예수님의 가르침을 진심으로 이해했다는 사실을 알 수 있다.

> "은과 금은 내게 없거니와 내게 있는 것으로 네게 주노니 곧 나사렛 예수 그리스도의 이름으로 걸으라"(행 3:6)

그 즉시 그 사람은 자리에서 일어나 걷기도 하고 뛰기도 하며 하나님을 찬미하였다.

베드로는 자신에게 없는 것을 줄 수는 없었지만, 자기에게 있는 것은 줄 수 있었다. 그에게는 광대하시고, 기적을 행하시고, 필요를 채우시며, 삶을 구원하시고, 모든 문제 위에 계신 메시야가 있었다.

그리고 그는 그 축복을 혼자서만 누리길 원치 않았다. 이웃과 함께 나눌 줄 알았다.

이제 그 공을 놓아라 ▌

　　　　　　　　　　　내 아들 제레미Jeremy는 어린 시절에 티볼T-ball(5세 정도의 어린이들을 위한 야구 - 역주)을 하며 놀았다. 이 경기에 투수는 없다. 대신 타자 앞에 공이 놓여 있어서 풋내기 선수는 그것을 뚫어져라 바라보다가 방망이를 휘둘러서 맞춘 후 베이스로 달려간다.

　어느 날 한 가지 잊지 못할 추억거리가 생겼다. 제레미가 속한 팀은 라이벌 팀과의 경기에서 1점을 리드하고 있었다.

　그때는 그날 경기의 마지막 회였고, 모든 베이스에 주자들이 서 있었으며, 투 아웃에서 선수가 공을 치러 나오는 상황이었다. 타자가 팔을 뒤로 쭉 빼더니 경기장 왼쪽으로 공을 강하게 날렸는데 아주 멋지게 날아갔다.

　모든 사람의 시선을 꼬리표처럼 이끌고 그 공은 자기 머리보다 더 큰 모자를 쓰고 있는 조그만 친구 쪽으로 날아갔다. 그 선수가 누구인지 알아보지는 못했다. 우리 지방의 티볼 경기에서는 그리 엄격한 규정을 적용하지 않았기 때문에 선수들은 어느 시즌에서든지 팀에 합류할 수가 있었다.

　그 모자의 주인공은 볼이 다가오는 것을 보고 그쪽으로 달려갔지만, 게임을 승리로 이끌 수 있었던 기회를 아쉽게도 놓치고 말았다. 그 공은 선수의 글러브 오른쪽으로 돌아 선수 발 앞에 떨어졌다. 한 명의 주자가 홈으로 이미 들어왔지만, 그때라도 볼을 홈으로 던진다면 추가 득점을 허용하지 않을 수 있었다.

우리 진영에 있던 모든 사람들이 "던져라! 던져라!"라고 일제히 소리쳤다.

하지만 양 팀이 모두 깜짝 놀랄 정도로 그 조그만 선수는 자리에 주저앉아 그 공이 마치 트로피라도 되는 양 꼭 쥐고 있었다. 그는 마치 "난 이 공을 잡기 위해서 오후 내내 기다리고 있었어요. 그리고 이제 절대로 놓아주지 않을 거예요"라고 말하는 듯했다.

군중은 모두 미칠 지경이었다. "던져라! 빨리 던져! 서둘러!" 아무리 소리를 질러 보아도 소용이 없었다. 내 생각에 아마 그 순간 우리가 응원하던 팀의 코치는 심장 발작을 일으켰을 것이다.

게임의 승부가 그 한 순간에 달려 있었다. 몇 초가 지나고 나머지 세 주자도 한 사람씩 차례로 모두 홈으로 들어왔다. 우리 팀의 응원객들은 모두 침울해졌고, 경기장 왼편에서 자신의 트로피인 양 공을 여전히 꼭 쥐고 있는 그 조그마한 아이를 보면서 우리는 충격을 받지 않을 수 없었다.

그때쯤이었을까? 큰 키의 위풍당당한 한 남자가 스탠드에서 나와 그 소년에게 천천히 다가갔다. 바로 그 선수의 아버지였다. 그는 허리를 굽히고는 볼을 품고 있는 그 작은 친구를 안아 주었다. 그리고 나서 그 아버지는 소년에게 무슨 말을 하려는 듯하더니 손을 움직였다. 수화였다. 순간 스탠드가 조용해졌다.

그가 수화로 아들에게 말할 때 나는 "괜찮다, 아들아. 나에게 그 공을 주지 않으련?"하는 소리를 들었다.

당황한 사람들은 고개를 숙였다. 그 작은 소년은 아버지를 물끄러미 쳐다보았다. 눈에서는 눈물이 하염없이 흘러내렸지만 그는 그렇게도 탐냈던 공을 아버지에게 천천히 내주었다. 그제야 그 당시 실제 상황이 무엇이었는지를 뼛속 깊이 느끼면서 나는 울음을 삼켰다.

그 소년은 단지 게임을 이해하지 못했던 것뿐이었다. 그는 게임이 어떻게 돌아가고 있는지 몰랐다. 어린 마음에 그는 단지 공을 갖고 싶었고 군중의 소리는 들리지 않았다. 귀가 멀어 듣지 못했던 것이다.

그 작은 소년처럼 많은 그리스도인들도 하나님께서 허락하신 은사들을 그저 꼭 붙들고만 있다. 게임을 이해하지 못하기 때문이다. 그들은 하나님께서 자신들 손에 주신 선물들이 단순히 자신만을 위한 것이 아니라 이후에 만나게 될 수없이 많은 사람들을 위한 은혜라는 사실을 깨닫지 못한다. 기독교가 수행해야 할 일들은 바로 여기에 있다.

하지만 여기 한 가지 희소식이 있다. 우리의 하늘 아버지께서는 결국 우리 삶의 경기장 안으로 걸어 들어오셨다. 그리고 허리를 굽혀 "괜찮다. 내 아들(딸)아. 내가 너에게 이것을 준 까닭은 너를 통해 다른 이들에게 전달하기 위함이다. 자 이제 놓아라! 놓음으로써 너는 풍요로워지며, 네가 어루만지는 모든 사람들 또한 풍요로워질 것이다"라고 말씀하신다.

그렇다면 당신은 이제 놓아 버려야 한다. 그렇게 해야만 당신의 잠재력을 최대한 발휘하여, 과거에서 빠져나와 건너편으로 갔을 때 기다리고 있는 또 다른 보상을 얻을 수 있다.

(생각해 볼 문제) ··

1. 당신이 건널목을 지나 건너편에 도착했을 때, 그곳에서 누가 기다리고 있을지 짐작할 수 있는가? 하나님께서 그간 당신에게 가르치시고 다른 이들에게 간증하라고 이르신 것은 무엇인지 감지할 수 있겠는가?

2. 꼭 쥐고만 있던 은사들을 이제 이웃들에게 전할 수 있도록 놓는 연습을 하자.

11

당신의 가장 큰 잠재력

네가 요한의 아들 시몬이니 장차 게바라 하리라(게바는 번역하면
베드로라) (요 1:42)

우리의 과거가 우리의 잠재력은 아니다.

_ 메릴린 퍼거슨 Marilyn Ferguson

너는 중요한 사람이다

이른 아침 한 중년 남성이 햇살에 충혈된 두 눈을 가늘게 떴다. 풍파에 시달린 그의 얼굴에는 깊은 주름이 패여 있었고, 턱수염이 반점처럼 군데군데 나 있었다.

베드로는 나무로 만든 배에서 일어나 오늘은 뭔가 묵직한 녀석들을 한 번 건져보자는 소망을 품고 늘 해왔듯이 낡아빠진 그물을 바다에 던졌다.

평생 갈릴리 바닷가에서 고기잡이를 했던 그는 오늘도 고되고 단조로운 일상에 맞춰 몸을 움직였다. 천성이 착하고, 건장한 고기잡이였던 그는 억센 노동자였다. 하지만 어느 날, 모든 것이 변해 버렸다.

미래에 제자가 될 사람들을 모으기 시작하실 때, 예수님께서는 자신의 사촌이었던 요한에게 세례를 받으시면서 처음으로 대중 앞에 그 모습을 드러내셨다.

예수님께서 세례를 받으시려고 요단강에 다가가시는 모습을 보고 요한은 "보라! 세상 죄를 지고 가는 하나님의 어린양이로다"(요 1:29)라고 선포하였다.

이 사건이 지나고 나서 예수님께서 하시는 말씀을 처음 들었던 사람들 가운데에는 시몬 베드로의 형이었던 안드레가 있었다. 안드레는 오랫동안 기다렸던 메시야가 바로 예수님이라는 사실을 확신하게 되었다.

깊이 감동을 받은 그는 그 길로 베드로를 찾아가 "우리가 메시야를 만났다"라고 말했다. 그리고 안드레는 베드로와 함께 예수님께로 왔다.

예수님께서는 언제나 지금껏 있었던 사건들에서 앞으로 있을 일들에 초점을 맞추도록 우리의 시선을 옮기신다.

예수님께서는 베드로에게 "너는 요한의 아들 시몬이로구나. 앞으로는 너를 게바라고 부르겠다"('게바'는 '베드로' 곧 '바위'라는 뜻)고 말씀하셨다.

예수님께서 시몬에게 선포하신 말씀 속에는 다음과 같은 매우 중대한 의미가 담겨 있었다.

"너는 앞으로 지금의 모습이 아니라 전혀 다른 사람이 될 것이다. 지금은 너만의 방법, 성격, 습관, 선호도 등이 있겠지만 내가 계획한 일을 마치고 나면 너는 이전과 같지 않을 것이다. 나는 네가 지금 누구인지 보고 있지만, 동시에 네가 이후에 어떤 사람이 될 것인지도 보고 있다."

예수님께서는 언제나 지금껏 있었던 사건들에서 앞으로 있을 일들에 초점을 맞추도록 우리의 시선을 옮기신다는 점을 발견하였는가?

베드로의 미래를 두고 예수님께서 얼마나 즉각적으로 그에게 소망을 불어넣어 주셨는지에 주목하라.

"베드로, 너는 반석이 될 것이다. 너는 나에게 중대한 사람이다. 불가능이란 없다!"

당신은 어떤 사람인가? ▮

　　　　　　　　　　　　예수님께서는 자신을 따르는 이들의 마음을 목적으로 감동시키는 데 능숙하신 분이셨다. 그분은 그들을 정의하심으로써 이러한 목적의 불씨를 심으셨다.

　당신의 상황을 한 번 생각해 보라. 지금 이 순간 누군가 또는 무언가가 당신을 정의내리고 있다. 당신은 다른 이들 또는 환경이 만들어놓은 자신의 모습을 진실이라고 믿는다.

　그러나 지금 하나님께서 당신을 위해 예비하신 미래로 걸어 들어가는 데 열쇠가 되는 한 가지 비결을 간과해서는 안된다. 당신은 당신을 정의내리는 사람 또는 사물과의 싸움에서 승리해야만 한다.

　당신이 미래에 도달하기 위해서는 하나님께서 당신에 대해 말씀하시는 것을 믿어야만 한다. 당신을 정의내리는 분이 하나님이시도록 해야 한다.

　예수님께서 미래에 제자가 될 사람들을 모으러 나가서서 그 즉시 그들을 정의내리셨다는 사실을 이해할 수 있겠는가? 이것은 예수님만의 혁신적인 방법이었고, 각 사람을 부르실 때 그분께서 사용하셨던 신고식 절차였다.

　예수님께서는 제자가 될 사람들에게 "나를 따라 오너라 내가 너희로 사람을 낚는 어부가 되게 하리라"(막 1:17)고 말씀하셨다. 예수님께서 "사람을 낚는 방법을 가르쳐 주겠다"라고 말씀하시지 않고 "어부가 되게 하리라"고 하셨음에 주목하라.

이 문장 가운데 되다라는 단어가 중요하다. 스트롱의 《주석》에 따르면 이 말은 '어떠한 존재가 되도록 유발하다' 라는 의미가 담긴 그리스어에서 유래했다고 한다.

그들은 예수님의 만지심이 아니고서는 이전에 되어본 적도 없고 이후로도 절대 될 수 없는 어떠한 존재, 즉 사람을 낚는 어부가 될 수 없다. 예수님께서 되게 하시는 것이다.

예수님께서는 제자들의 가장 큰 잠재력을 끌어내셔서 그들을 정의하셨다. 앞으로 무엇이 될지 그리스도께서 우리에게 말씀해 주실 때 우리 영혼에 운명의 화살이 꽂힌다.

우리 존재의 깊은 곳에서부터 직관적으로 깨달음이 일어나 "그래! 이것이 바로 내가 태어난 목적이야!"라고 말하게 된다.

되다라는 표현에 사용되는 동일한 그리스어는 마태복음 4장 3절에서 예수님께서 마귀에게 시험 당하실 때에도 사용되었던 말이다. 그 독사는 예수님에게 "명하여 이 돌들이 떡덩이가 되게 하라"고 속삭였다.

왜 사탄은 예수님께 그러한 일을 행하라 유혹했을까? 대답은 간단하다. 예수님께서 능히 하실 수 있다는 사실을 알고 있었기 때문이다.

예수님께서는 그분의 능력을 잘못 사용하도록 유혹하는 손길을 뿌리치셨다. 사실상 어떤 것을 다른 것으로 바꾸는 일은 오직 그분의 능력으로만 가능하며, 바로 이러한 일이야말로 예수님께서 가장 잘 하실 수 있는 일임에도 말이다.

예수님께서 베드로에게 처음 말을 건네실 때 "내가 너의 잠재력을 보노라. 그리고 그것은 네가 상상하는 그 모든 것을 훨씬 뛰어 넘는다. 내가 너를 그렇게 만들어 주리라"고 말씀하셨다. 풀어 말하자면 "나와 같이 너의 가장 큰 잠재력을 끄집어 낼 수 있는 사람은 아무도 없다"이다.

예수님께서는 베드로가 다가올 미래에 대해 꿈꾸며 감동하고 기대하도록 하셨으며, 지금껏 일어난 일들로 말미암아 낙담하거나 우울하지 않게 하셨다. 그분은 베드로를 정의내리셨고 이를 통해 베드로의 마음 속에 목적을 심으셨다.

이것이 바로 미래를 통해서 바라본 시야의 일부이자 보여질 모습이다. 우리는 더이상 뿌옇게 흐린 과거 속에 갇혀 있지 않으며, 우리 각자는 '정의 내리시는' 하나님께 받은 신선한 목적에 가장 합당한 사람이 될 것이다.

이러한 점에 비추어 잠시 베드로의 삶에 나타난 기적을 생각해 보라. 베드로가 아무리 원대한 꿈을 품었더라도, 언젠가 그렇게 능력과 영향력 있는 사람이 되리라고 상상이나 할 수 있었겠는가?

이 무명의 유대인 어부는 중년의 나이에 그리스도의 부름을 받고 역사상 가장 영향력 있는 인물로까지 자리매김했으며 그리스도의 '핵심 3인방' 가운데 한 사람이 되었다.

그는 우리 주님께서 변화산에서 모세와 엘리야를 만나던 그 때에 그 자리에 있었다(막 9:2~8). 또한 그는 물 위를 걸었던 유일한 제자이

기도 했다. 물 위를 걸을 수 있다고 베드로 스스로 믿도록 사로잡은 것은 무엇이었는가?

예수님께서는 베드로 안에 있는 위대함을 예언하셨고, 베드로는 그리스도 안에 있는 위대함을 이해하기 시작하였다.

당신이 믿는다면 할 수 있다. 우리는 위대한 것들을 믿을 때 실제로 위대한 일들을 시도한다.

물고기를 잡는 어부에서 사람을 인도하는 위대한 사도로, 한 집안의 남편에서 그리스도의 기둥으로, 실언을 내뱉던 허풍쟁이에서 훌륭한 서신 작가로 변화된 사실들을 다 이어본다면 아마 도무지 그 연결점을 찾을 수 없을 것이다.

베드로는 "내가 너를 …가 되게 하리라"고 말씀해 주신 분을 언급하지 않고는 설명될 수가 없는 사람이다.

하나님께서 당신에게 무슨 말씀을 하시는지 이해하겠는가? 당신의 최고 잠재력은 주님이 안 계시다면 그저 잠재하고 있을 뿐이다. 반면에 당신의 최고 잠재력이 주님 안에 거하면서 주님을 통하게 되면 그것은 실제로 이루어진다.

이것이 바로 당신이 건널목을 건넜을 때 건너편에서 당신을 기다리고 있는 것이다. 이것이 바로 예수님께서 당신을 정의내리셨을 때 가능한 것이고 그에 따른 선물이다.

너는 창대케 되리라

1부에서 언급했던 여섯 가지 사슬(사람 또는 사물에 대한 무절제한 애착, 과거의 성공, 마음의 상처, 실패, 외상Trauma, 쓴 뿌리)을 다시금 상기해 보자.

여기에 사탄의 술책이 하나 있다. 자신이 찾을 수 있는 방법이라면 그 무엇을 동원해서라도 사탄은 우리를 정의내리는 자가 되고 싶어 한다. 그리고 그때 그가 즐겨 사용하는 무기 가운데 하나는 바로 과거이다.

그는 마음의 상처, 실패, 외상 그리고 무례함 등을 이용하여 당신을 단순히 과거의 보잘 것 없는 한 사람으로 붙잡아둘 뿐만 아니라 그런 사람이라고 정의내리려고 한다.

그는 과거에 당신에게 부정적이었던 사람이나 경험을 끄집어 내어 '옛 당신'을 재창조하려고 교묘하게 시도하는데, 이때 그 사람들이 했던 말들이나 당신이 어제 겪었던 일들을 그 바탕으로 삼는다.

예수님을 재판하고 처형하는 과정에서 베드로가 실수를 저지르고 난 뒤에 사탄이 그를 얼마나 끊임없이 고통스럽게 찌르고 비아냥거렸는지 알지 못하는가? 장담컨대 그는 아마 전심전력을 다해 베드로를 무너뜨려서 그가 예수님을 만나기 전보다 훨씬 낮은 상태에 머물게 만들려고 했을 것이다.

악마가 속삭이는 거짓말들은 다음과 같은 것들이다.

"넌 실패했어, 그러니까 너 자체가 실패야. 그러니까 앞으로도 항상 그렇게 살아갈 거야. 상처 받았었지? 너는 상처받을 수밖에 없어. 그렇게 행동하는 데 누가 널 인정해 주겠어? 넌 계속 절뚝거리면서 살아가고 끊임없이 고통을 질질 끌고 다닐 수밖에 없어."

> 하나님께서는 당신을 항상 존귀하게 하시고 창대케 하신다. 하나님은 미래를 예언하시는 분이므로 당신의 과거를 들추거나 기억하게 하지 않으신다. 당신을 향하여 놀라운 말씀을 건네실 뿐이다.

원수가 당신을 정의내리려 하는 어느 시점에서든지 그는 과거의 당신 모습을 현재의 당신의 모습인 듯 바꾼다. 그는 과거 속의 사건을 끄집어내서 오늘의 당신에게 적용시킨다. 그는 과거를 틀로 만들고는 그것의 이미지 속에 당신을 맞추면서 끼워 넣으려고 한다. 당신이 예전에 그랬으니 지금도 그럴 것이라는 논리로 말이다.

당신의 존재에 대해 사탄이 정의내리지 못하도록 하라. 당신의 존재의 이유와 의미는 하나님께 있다. 하나님께서 당신을 인정하시는 순간 당신 속에 숨어 있던 잠재력은 크게 나타날 것이며 그것은 실재가 되어 이루어진다.

진실은 다음과 같다. 나는 내가 장차 될 것이라고 하나님께서 선택하셨던 그 모습을 현재하고 있으며 또한 앞으로도 그렇게 될 것이라고 원수의 목전에서 선포해야 한다.

확신을 가지고 나아가라. 하나님께서는 당신을 항상 존귀하게 하시고 창대케 하신다. 절대로 낮게 보시지 않는다. 당신을 비난하지도 모욕하지도 깎아내리지도 않으시며 당신에게 책임을 추궁하지도 않으신다.

하나님은 미래를 예언하시는 분이므로 당신의 과거를 들추거나 기억하게 하지 않으신다.

하나님께서는 당신을 향하여 놀라운 말씀, 용기를 북돋는 말씀, 그리고 가슴 벅찬 말씀들을 건네실 뿐이다.

"너는 …이 되리라."

당신 삶 속에 누가 말하고 있는지 주의하라 ▌

다른 사람이 내 삶에 관하여 말하도록 허락하는 데 나는 굉장히 까다로운 편이다. 많은 사람들이 나에게 말할 수 있고 또한 말하고 있다. 하지만 구름다리를 내려 다른 사람들이 나의 삶 안으로 들어와 말하도록 받아들이는 것은 오직 나만이 결정할 수 있다.

솔로몬은 "무릇 사람의 말을 들으려고 마음을 두지 말라"(전 7:21)고 경고하였다. 그리고 "죽고 사는 것이 혀의 권세에 달렸나니 혀를 쓰기 좋아하는 자는 그 열매를 먹으리라"(잠 18:21)고 설명하였다.

우리 삶 속에 들어와 말하는 이들은 우리의 의사결정에 자문을 주고, 영향력을 행사하며, 길을 안내하고, 그 과정의 일부를 차지할 수 있다. 우리 삶 속에 말하는 이들은 힘이 있다.

그러므로 어떤 사람이 내 곁에 있는지가 매우 중요하다. 부정적인 말을 하는 사람이 있는지 긍정적인 말을 하는 사람이 있는지, 과거를 말하는 사람이 있는지 내일을 말하는 사람이 있는지….

미래를 향하여 가는 길에 있어서 이 사실은 중대한 의미가 있다. 당신이 과거에서 빠져나와 미래로 향해 가면서 그리스도를 따를 때, 하나님께서 믿어주시듯 그렇게 믿어주면서 당신을 인정하는 사람들로 주위를 채우는 것은 매우 중요한 일이다.

첫 사역을 시작하던 시점에 나는 힘겨운 과거에서 그리 멀리 떨어져 있지 않았다. 나는 16세의 나이로 소년원에서 지내던 시절에 그리스도를 영접하였다. 내가 과거의 깊은 물속에 닻을 내리는 일은 무척 쉬웠을테지만, 하나님께서는 나에게 많은 용기를 불어넣어 주는 나이가 지긋한 한 커플을 내 삶 속으로 인도해 주셨다.

그들은 나를 만날 때마다 용기와 소망의 말을 건네 주었다. 내가 낙심해 있을 때마다 그 친구들은 "새롭게 시작해"와 같은 말로 다시 기운을 차리도록 격려해 주었다. 이러한 일이 얼마나 많았는지 당신에게 모두 말할 수 없을 정도이다. 그들은 항상 내 삶을 향한 하나님의 부르심과 목적을 이야기하면서 나의 가치를 인정해 주었다.

당신 '삶 속에' 말을 건네면서 영향을 끼치는 사람들을 주의 깊게 선택하길 바란다. 여기에는 당신이 보고 듣고 읽는 것들이 포함된다.

그들 곁에 있을 때 당신이 낙담하고, 기운을 잃고, 의심에 싸이고, 두렵고, 또는 도저히 꿈꾸는 바를 이룰 수 없으리라는 생각이 든다면 그들에게 열려 있는 당신 마음의 구름다리를 가만히 닫으라. 당신 '삶 속에' 말할 수 있는 권한을 마음대로 남용하는 이에게는 그것을 절대 허락하지 말라.

반대로 그들에게 당신이 격려를 받고, 소망이 샘솟으며, 기쁘고, 믿음으로 가득 차며, 하나님께서 당신 마음에 두신 것들을 이룰 수 있다고 믿어진다면 그 구름다리를 더 밑으로 내리고 그 사람들이 정말로 가까이에 있을 수 있도록 하라.

당신이 과거에서 빠져나와 미래로 향해 가면서 그리스도를 따를 때, 하나님께서 믿어주시듯 그렇게 믿어주면서 당신을 인정하는 사람들로 주위를 채우는 것은 매우 중요한 일이다.

왜 원수는 당신을 무시하고 보잘 것 없는 사람이라 정의내리려고 그토록 힘들여 애쓰는가? 사탄은 하나님께서 당신을 두고 하신 말씀을 당신이 믿고 받아들이는 그 순간, 자신의 왕국 일부가 손상입을 것이라는 사실을 잘 알기 때문이다.

하나님께서 당신을 두고 하시는 말씀 몇 가지를 들어 보라. 이 글을 읽으면서 각 절에 당신의 이름을 넣어 그것이 당신만의 문장이 되도록 하라. 하나님께서 당신을 두고 하시는 말씀을 믿으라.

✛ _ 내게 능력 주시는 자 안에서 내가 모든 것을 할 수 있느니라
   (빌 4:13)
✛ _ 자기의 하나님을 아는 백성은 강하여 용맹을 발하리라
   (단 11:32)

✚ _ 예수께서 이르시되 할 수 있거든이 무슨 말이냐 믿는 자에게
는 능치 못할 일이 없느니라 (막 9:23)

✚ _ 나를 믿는 자는 나의 하는 일을 저도 할 것이요 또한 이보다
큰 것도 하리니 이는 내가 아버지께로 감이니라 (요 14:12)

✚ _ 그러나 이 모든 일에 우리를 사랑하시는 이로 말미암아 우리
가 넉넉히 이기느니라 (롬 8:37)

✚ _ 오직 성령이 너희에게 임하시면 너희가 권능을 받고 예루살렘
과 온 유대와 사마리아와 땅 끝까지 이르러 내 증인이 되리라
하시니라 (행 1:8)

환난 뒤의 축복 ▌

내가 동료 사역자들에게 보내는 카
드 가운데 마음에 드는 하나에는 《건너편The Far Side》이라는 책의 저
자인 게리 트뤼도Gary Trudeau의 전형적인 만화가 그려져 있다.

그 그림 속에서 두 마리 사슴이 숲에서 서로 이야기를 나누고 있
다. 그 둘 가운데 한 사슴의 가슴 쪽에는 선명하게 보이는 과녁 모양
의 동그란 점이 있었다. 다른 사슴은 친구를 보면서 "에이 저 몽고반
점 난 것 좀 보라지!"라며 소리를 친다.

이 카드를 볼 때마다 나는 미소를 짓는데, 이 그림이 모든 그리스

도인들의 모습을 보여주기 때문이다. 당신이 예수님을 증거하는 사람이 될 것이라면 지금 당신의 가슴에도 그 점이 있을 것이다.

어느 날 예수님께서는 가장 장래가 촉망되는 제자에게 다음과 같은 엄한 경고를 내리셨다.

> "시몬아, 시몬아, 보라 사단이 밀 까부르듯 하려고 너희를 청구하였으나 그러나 내가 너를 위하여 네 믿음이 떨어지지 않기를 기도하였노니 너는 돌이킨 후에 네 형제를 굳게 하라"(눅 22:31~32)

스트롱의 《주석》에서는 신약에서 사용된 까부르다sift라는 말은 '체에서 흔들다' 라는 뜻이라고 설명하고 있다. 비유적으로 말해서 내적인 동요를 일으켜 한 사람의 믿음을 패배의 나락으로 끌고 가는 것이라는 뜻을 지닌다고 설명한다.

따라서 달리 표현해 본다면 까부른다는 말은 매우 강력한 시련을 가해 우리 믿음의 기초를 흔든다는 의미인 것이다. 그리스도께서는 베드로에게 그의 믿음이 이제 곧 극심한 시험대에 올려질 것이라는 사실을 알려 주셨다.

도대체 왜 사탄은 시몬 베드로를 그런 수준으로까지 끌어내리려고 애를 썼을까? 왜 원수는 욥에게 했던 것처럼 시련을 가해 그를 넘어뜨리려 했을까?

사탄은 시몬의 목적에 방해를 놓기를 원했다. 그의 목적에 훼방을 놓음으로써 그를 실패와 과거의 사람이라고 다시 정의내릴 수 있기를 원했던 것이다. 하지만 사탄은 예수님께서 베드로의 삶을 두고 하신 말씀보다 앞서지 못했다.

사탄이 베드로의 믿음을 까부른 후에 그의 삶이 어떻게 변했는지 몇몇 모습을 살펴보자.

"그 전날 밤에 베드로가 두 군사 틈에서 두 쇠사슬에 매여 누워 자는데 파숫군들이 문밖에서 옥을 지키더니 홀연히 주의 사자가 곁에 서매 옥중에 광채가 조요하며 또 베드로의 옆구리를 쳐 깨워 가로되 급히 일어나라 하니 쇠사슬이 그 손에서 벗어지더라"(행 12:6~7)

교회에 모여 열성적으로 기도를 드리던 이들의 기도에 응답하시사 한 천사가 감옥에 있던 베드로를 구해 주었다. 이는 하나님의 놀라운 개입으로써 핍박받던 신생 교회에 크나큰 격려를 불어넣어 주었다.

"베드로가 열 한 사도와 같이 서서 소리를 높여 가로되 … 모든 사람들아 … 내 말에 귀를 기울이라 … 베드로와 다른 사도들에게 물어 가로되 형제들아 우리가 어찌할꼬 하거늘 … 이 날에 제자의 수가 삼천이나 더하더라"(행 2:14, 37, 41)

"심지어 병든 사람을 메고 거리에 나가 침대와 요 위에 뉘이고 베드로가 지날 때에 혹 그 그림자라도 뉘게 덮일까 바라고 예루살렘 근읍 허다한 사람들도 모여 병든 사람과 더러운 귀신에게 괴로움 받는 사람을 데리고 와서 다 나음을 얻으니라"

(행 5:15~16)

베드로의 '까부름 당한 이후'의 삶은 설교를 통하여 수천 명의 사람들이 그리스도께 나아온 기적으로 나타났다. 그의 그림자만으로 아픈 이들이 나음을 입었고, 그가 기뻐하였던 초자연적인 역사를 통하여 전 교회가 말할 수 없을 정도로 커다란 용기를 얻었다.

이것이 바로 원수가 막고 싶어 했던 일이었다. 이 모든 일은 거친 어부의 삶 속에 예수님께서 들어오셔서 "너는 …이 되리라"고 말씀하시면서부터 시작되었다.

베드로의 삶에서 원수가 파괴시키려고 했던 것들 가운데 일부는 우리도 알고 있다. 그렇다면 우리 자신의 삶은 어떠한가? 원수는 베드로에게 했듯 동일한 완악함으로 당신을 공격하고 있는가?

당신이 예수 그리스도께 삶을 바쳐왔고 어느 수준에서든지 그분을 섬기는 데 자신을 내어드렸다면 이 물음에 '그렇다'라고 대답할 수 있을 것이다.

앞서서 넘어졌으나 곧 회복된 시몬 베드로는 다음과 같이 비장하게 경고하였다.

"근신하라 깨어라 너희 대적 마귀가 우는 사자 같이 두루 다니며 삼킬 자를 찾나니 너희는 믿음을 굳게 하여 저를 대적하라 이는 세상에 있는 너희 형제들도 동일한 고난을 당하는 줄을 앎이니라"

(벧전 5:8~9)

사탄은 하나님의 손에 있는 우리를 빼앗을 수 없다. 그렇다면 사탄이 우리를 공격해서 얻고자 하는 것은 무엇인가? 그것은 베드로의 경우와 동일하다. 그는 우리의 마음을 번뇌케 하여 우리가 하나님께로 향하지 못하도록 하고자 하는 것이다.

그리스도를 따르기로 헌신하고 완전히 자신을 바친 그리스도인들은 사탄이 가장 두려워하는 결과를 만들어내게 될 것이다.

아래의 항목은 자세한 기록이 아니다. 이것들은 당신의 건널목 건너편에서 기다리고 있는 유익과 보상들 가운데 일부에 지나지 않는다. 이것들이 바로 사탄이 완악한 수를 써서 당신에게서 뺏고자 하는 것들이며, 그들이 그토록 힘들게 애쓰면서까지 당신을 과거에 묶어 두려는 이유이다.

헌신하고 구별되어 완전히 자신을 바친 하나님의 자녀들은 다음과 같은 것들을 거둘 것이다.

✛ _ 하나님을 영화롭게 하는 과실

"너희가 과실을 많이 맺으면 내 아버지께서 영광을 받으실 것이요 너희가 내 제자가 되리라"(요 15:8)

✚_ 그리스도께 드린 영혼

"그러므로 너희는 가서 모든 족속으로 제자를 삼아 아버지와 아들과 성령의 이름으로 세례를 주고"(마 28:19)

✚_ 죄 안에서가 아닌 하나님의 뜻 안에서 사는 것

"내가 선한 싸움을 싸우고 나의 달려갈 길을 마치고 믿음을 지켰으니"(딤후 4:7)

✚_ 영원한 상급

"만일 누구든지 그 위에 세운 공력이 그대로 있으면 상을 받고"(고전 3:14)

✚_ 이 땅 위에서 하나님을 높임

"오직 너희는 택하신 족속이요 왕 같은 제사장들이요 거룩한 나라요 그의 소유된 백성이니 이는 너희를 어두운 데서 불러내어 그의 기이한 빛에 들어가게 하신 자의 아름다운 덕을 선전하게 하려 하심이라"(벧전 2:9)

위에 제시된 항목들은 배에 올라타 이쪽 해안에서 다른 쪽 해안으로 여정을 떠나는 모든 믿는 이들을 기다리고 있는 것들 가운데 단지 몇 가지 예에 불과하다.

당신의 건널목을 건너면서 당신은 되어 간다. 그리스도를 만난다는 말은 당신의 구세주이실 뿐만 아니라 모든 것이신 분과 얼굴을 마주 대한다는 의미이다. 그리고 그분을 통하여 당신의 잠재력이 최고로 발휘되는 것은 이 일 가운데 일부에 속한다.

나는 아마 나 자신을 소망 광신자라고 표현해야 할 것이다.

물과 공기 없이는 살 수 없듯이 소망 없이도 살 수 없다. 그래서 나는 마지막 장을 소망에 대해 이야기하려고 한다. 나와 함께 소망의 노래를 함께 부르지 않겠는가?

생각해 볼 문제 ··

1. 당신을 정의내리는 최종 결정자는 누구인가? 하나님은 당신
   을 누구라 하시는가? 당신은 어떤 사람인가?

2. 당신 최고의 잠재력을 경험하는 일이 당신에게는 얼마나 중
   요한가? 하나님께서 당신을 창대케 하시고 존귀케 하신다. 어
   려움이 와도 당신 안에 내재되어 있는 능력을 믿고 나아가라.
   하나님께서 이루실 것이다.

12

진정한 보물

천국은 마치 밭에 감추인 보화와 같으니 … (마 13:44)

돈이 전부라고 생각하는 사람은 한 번도 아파본 적이 없는
사람이다. 아니면 심각하게 아픈 사람이거나

_ 말콤 포브스Malcolm S. Forbes

당신의 보물은 무엇인가 ▊

　　　　　　　　　　　모든 사람은 저마다 보물을 가지고 있다. 사람이라면 누구나 마음 속에 무언가를 보물처럼 간직하면서 그 것을 중심으로 자신의 시간을 투자하고 우선순위를 두면서 살아간다. 예수님은 우리 모두가 중요한 보물을 품게 될 것이라고 가르치셨다.

　　　"네 보물 있는 그곳에는 네 마음도 있느니라"(마 6:21)

　예수님께서 '네 보물이 있을지도 모르는 곳에' 라거나 '언젠가 네 보물이 자리할 곳에' 라고 말씀하지 않으시고 '네 보물이 있는 곳에' 라고 말씀하셨다.

　우리는 모두 지금 이 순간 보물을 가지고 있다. 우리가 보물처럼 여기는 것들은 우리가 행하는 모든 일에 영향을 끼친다. 우리가 세우는 목표, 우리가 선택하는 길, 우리의 가치관, 우리가 사귀는 친구들 등 이 모든 일들이 우리가 보물처럼 여기는 것들의 영향을 받는다.

　보물의 개념을 좀 더 정확히 알기 위하여 우리 각자가 동전 100개 씩을 가지고 있다고 가정해 보자. 이 동전은 우리가 어디에든지 자유 롭게 쓸 수 있는 투자의 의미가 담겨 있다.

　예를 들어 나는 편한 친구관계에 동전 3개를 쓸 수 있을지도 모른 다. 그 우정이 깨졌을 때 나는 고통이나 후회를 거의 느끼지 않는다.

결국 내가 투자한 것은 단지 동전 3개뿐이기 때문이다.

또 다른 예로 나는 학사 학위를 따기 위해서 매우 열심히 공부할지도 모른다. 그래서 그것을 추구하는 데에는 편한 친구관계보다 더 많은 투자를 할 것이므로 이러한 계산에 따라 동전 30개를 출자했다고 하자. 내 미래의 성공, 안전, 그리고 행복이 이 목표에 도달하느냐 아니냐에 달려 있다. 결국 나는 수백 시간의 노력을 투자하였고, 이는 내가 이 일을 얼마나 중대하게 생각하는지를 나타낸다. 그런데 몇몇 이유로 예를 들어 학자금을 잃어버렸다든가 해서 학위 과정을 끝마치지 못한다면 내가 느낄 정서적인 상처는 매우 깊을 것이다. 하지만 30개의 동전도 무언가를 보물처럼 만들지는 않는다.

진정한 보물은 훨씬 더 많은 투자를 요구한다. 자신이 가진 100개의 동전 전부를 단번에 투자할 진정한 보물과 같은 사람이나 사물이 있다는 사실을 당신도 알고 있다. 진정한 보물이 있다면 그것에 모든 것을 쏟아 붓게 된다.

예수님께서는 '전부 아니면 전무' 식의 헌신을 요구하셨다.

"아비나 어미를 나보다 더 사랑하는 자는 내게 합당치 아니하고 아들이나 딸을 나보다 더 사랑하는 자도 내게 합당치 아니하고"
(마 10:37)

진정으로 예수님을 따르려면 당신이 가진 동전을 전부 바쳐야 한다. 이 사실이 과거와 미래와는 무슨 관계가 있는지 당신은 의아해할 수도 있다.

그러나 기억하라. 예수님께서는 롯의 아내를 기억하라고 우리에게 충고하셨다. 하나님께서 가슴 벅찬 새 미래를 열어주실 때, 롯의 아내는 과거에서 자신을 떼어낼 수가 없었다. 그녀의 모든 정서적 동전은 여전히 소돔에 있었기 때문이다.

바로 이러한 점 때문에 "무릇 지킬만한 것보다 더욱 네 마음을 지키라 생명의 근원이 이에서 남이니라"(잠 4:23)고 경고한 것이다.

당신의 온 마음을 다 바치는 것이 무엇인지 잘 살펴보라. 일단 당신의 투자 수준이 매우 높게 올라가고 나면 그것을 다시 회수하기가 어렵다.

과거에서 돌아서서 앞에 있는 미래로 나아가는 가장 큰 이유는 이것이 바로 그리스도를 아는 보물이기 때문이다.

> *우리는 모두 지금 이 순간 보물을 가지고 있다. 우리가 보물처럼 여기는 것들은 우리가 행하는 모든 일에 영향을 끼친다. 당신의 온 마음을 다 바치는 것이 무엇인지 잘 살펴보라.*

당신이 가장 소중히 여기는 보물은

당신의 가장 소중한 보물은 중심 초점을 만들어낼 것이다. 중심 초점이란 당신의 힘과 재능 그리고 시간의 가장 좋은 부분을 들여서 얻고자 하는 것을 말한다. 이것은 당신 인생의 중심 초점이 되고 당신이 무슨 일을 할 때 일차적인 동기가 된다.

한 사람이 다른 모든 것에 우선하여 추구하는 바가 무엇인지 보라. 그러면 그 사람 마음에 있는 가장 중요한 보물이 무엇인지 알게 될 것이다. 당신의 보물이 있는 그곳에는 당신의 마음도 있을 것이다. 그리고 당신의 마음이 있는 곳으로 당신의 발이 따라갈 것이다.

하나님께서는 우리의 중심 초점에 관심을 가지시며 성경을 통해 이 문제에 대하여 반복적으로 말씀하신다.

> "사랑을 따라 구하라 신령한 것을 사모하되 …" (고전 14:1)
> "오직 너 하나님의 사람아 이것들을 피하고 의와 경건과 믿음과 사랑과 인내와 온유를 좇으며"(딤전 6:11)
> "그러므로 생명을 사랑하고 좋은 날 보기를 원하는 자는 … 화평을 구하여 이를 좇으라"(벧전 3:10~11)

중심 초점의 자리에 올려놓으라고 명령하신 덕목들 (사랑, 공의, 경건, 믿음, 인내, 온유, 평화)을 한 번 보라. 이 목록이 자신이 추구하는 '최고 순위'라고 정직하게 말할 수 있는가?

중심 초점은 당신 영혼의 기쁨을 보여주는 영적인 청진기이다. 중심 초점은 하나님께서 당신 마음을 성공적으로 사로잡으셨는지 아닌지를 보여준다.

> "백성이 모이는 것 같이 네게 나아오며 내 백성처럼 네 앞에 앉아서

네 말을 들으나 그대로 행치 아니하니 이는 그 입으로는 사랑을 나타내어도 마음은 이욕을 좇음이라"(겔 33:31)

당신의 가장 소중한 보물은 중심 초점을 만들어낼 것이다. 당신의 중심 초점은 무엇인가? 하나님인가? 돈인가? 아니면 명예인가? 다른 이들의 인정인가? 사랑인가? 자녀들인가? 성공인가?

하나님께서는 우리의 중심 초점이 무엇인지 알고 계신다. 당신의 중심 초점은 무엇인가? 하나님인가? 돈인가? 아니면 명예인가? 다른 이들의 인정인가? 사랑인가? 자녀들인가? 성공인가?

중심 초점은 당신의 영혼을 뛰게 하는 것이 무엇인지 보여줄 뿐만 아니라, 다른 초점들도 양산해 낸다. 당신의 중심 초점이 있는 곳으로 다른 모든 이차적인 초점들도 따라간다.

사람들은 수세기 동안 지구가 태양계의 중심이라고 믿었었다. 그래서 다른 모든 행성들은 지구를 중심으로 회전한다고 생각했었다. 중세 교회들은 이 사실을 너무도 의심없이 믿었기 때문에 이에 반하는 다른 사상을 가르치는 사람은 이교도로 간주해 버리거나 감옥에 가두어 순교하게 하기까지 하였다. 물론 교회의 생각이 잘못된 것이었다. 태양계의 중심은 태양이며 그 밖의 다른 모든 행성들이 그 주위를 돌고 있다. 이러한 창조의 사실은 우리의 중심 초점이 어떻게 작용하는지 보여주는 완벽한 그림이다.

당신의 모든 이차적인 초점들은 당신의 중심 초점 주위를 돌고 있다. 재정, 관계, 자기통제, 행복, 기쁨, 만족 등은 중심 초점의 영향을 받는다.

그래서 예수님께서는 우리의 일차적인 추구가 무엇이 되어야 하는지를 두고 분명한 가르침을 주신 것이다.

"너희는 먼저 그의 나라와 그의 의를 구하라"(마 6:33)

예수님께서 가장 우선시하는 바가 무엇인지 이해할 수 있겠는가?

당신의 중심 초점이 하나님의 나라라면 다른 모든 초점들도 가치 있고 유익할 것이다. 그러나 당신의 중심 초점이 세상적이고 육적이며 또한 현세적인 것이라면 조심하라. 다른 모든 초점도 그 초점을 보조하기 위해 세상적으로 향할 수밖에 없는 것이다.

무엇을 추구하고 있는가? ▎

바울은 매우 생산적인 삶의 원동력이 되는 보물에 관해 투명한 사람이었다. 그렇기에 바울은 자신의 본을 따르라고 자신있게 권면했다.

"어떻게 우리를 본받아야 할 것을 너희가 스스로 아나니 … 오직 스스로 너희에게 본을 주어 우리를 본받게 하려 함이니라"
(살후 3:7, 9)

이제 우리가 따르기를 기대했던 바울의 추구 가운데 그가 표현했던 한 가지를 살펴보자.

> "내가 이미 얻었다 함도 아니요 온전히 이루었다 함도 아니라 오직 내가 그리스도 예수께 잡힌바 된 그것을 잡으려고 좇아가노라" (빌 3:12)

바울이 잡으려고 좇아갔던 '그것' 은 무엇이었을까? 순교당하기 직전에 그는 디모데에게 다음과 같은 글을 썼다.

> "내가 선한 싸움을 싸우고 나의 달려갈 길을 마치고 믿음을 지켰으니" (딤후 4:7)

나의 … 길이라는 말에 주목하라. 자신의 마지막 날이 가까워올 때 바울은 자신만의 목적을 이루었다는 점을 자신했다.

성경을 통해서 그리고 나의 경험을 통해서 우리 모두는 하나님께서 우리를 부르신 목적에 해당하는 '그것' 을 가지고 있다는 점을 나는 확신한다.

예수님께서 "사람이 만일 온 천하를 얻고도 자기를 잃든지 빼앗기든지 하면 무엇이 유익하리요"(눅 9:25)라고 경고하셨다.

당신의 사명도 바울과 같이 수많은 회중에게 말씀을 전하는 것처럼 겉으로 드러나는 일일 수도 있다. 그렇지 않다면 당신의 '그것' 은

일상생활 속에서 믿음을 드러내면서 함께
일하는 이들에게 그리스도의 증인이 되는
것처럼 조용히 실현되는 일일 수도 있다.
당신은 가르치는 일 또는 어린아이들과 함
께 하는 일, 아니면 이웃에게 친절함을 베푸는 일 등에 부르심을 받
았을 수도 있다.

일어나서 다음 목적지를
향해 예수님께 순종하며
따라갈 때마다 나는 그분의
영광을 위하여 사용될 수
있는 또 다른 빛을 발견한다.

하나님께서 당신에게 어떤 일을 하라고 부르셨든지 간에 모든 믿
는 이들에게 예수님께서 명령하신 바를 기억하길 바란다.

> "이같이 너희 빛을 사람 앞에 비취게 하여 저희로 너희 착한 행실을
> 보고 하늘에 계신 너희 아버지께 영광을 돌리게 하라"(마 5:16)

빛을 비추는 것은 자신만의 독특한 방식으로 예수님을 따르는 모
든 개인들에게 달려 있다. 당신의 '그것'이 드러나는 방식이 무엇이
든 간에 우리 모두는 "어두운 데서 불러내어 그의 기이한 빛에 들어
가게 하신 자의 아름다운 덕을 선전하게 하려"(벧전 2:9) 부름 받았다.

하나님께서 우리를 어떤 것에서 불러내셔서 새로운 것으로 들어가
도록 부르셨다는 점을 주목하라. 일어나서 다음 목적지를 향해 예수
님께 순종하며 따라갈 때마다 나는 그분의 영광을 위하여 사용될 수
있는 또 다른 빛을 발견한다. 우리의 중심 초점이 하나님 나라(곧 그
리스도)에 있을 때 우리가 사로잡힌 '그것'은 선명해진다.

모든 것 가운데 가장 큰 보물

아가서에서 펼쳐지는 드라마 속에
는 두 명의 중심인물이 등장하는데 한 사람은 교회를 상징하는 '술람
미'이고, 또 다른 이는 그리스도를 대표하는 사람으로 '사랑하는 자'
이다.

아가서가 시작되는 첫 문구에서 우리는 술람미(교회)가 사랑하는
자(그리스도)에게 '가까이 이끌어 달라'고 요청하는 장면을 볼 수 있
다(아 1:4). 사랑하는 자는 "나의 사랑, 나의 어여쁜 자야 일어나서 함
께 가자"(아 2:13)라고 대답한다.

나는 이 말을 들으면 "우리 함께 건너편으로 건너가자"라고 말씀하
시는 예수님의 음성을 듣는 것 같다. 예수님께서는 계속해서 우리를
부르시는 분이시며, 우리는 그분의 뒤를 계속 따라야 할 사람들이다.

아가서 전체에서 술람미는 사랑하는 자를 추구하고 있다. 이것이
바로 제자도이다.

우리의 심금을 울려 텐트 말뚝을 뽑고 짐을 챙겨 믿음의 모험을 떠
나도록 만드는 것은 무엇인가? 그것이 단지 종교적인 규칙과 규범을
위한 것이었다면 나는 아마 그 누구보다도 먼저 중도에서 탈락했을
것이다. 그것이 단순히 종교적인 목적 때문이었다면 나는 아마 다 집
어치우고 나만을 위해 사는 사람이 되었을 것이다.

하지만 내가 그러한 것들을 목적으로 삼지 않는다는 사실을 나 자

신이 알고 있다. 예수님께서 내 마음을 사로잡으셨다. 나는 그분께서 끊임없이 "나의 사랑, 나의 어여쁜 자야 일어나서 함께 가자"라고 하시는 말씀을 듣는다.

진정한 영적 건강은 그분을 얼마나 좇는가 하는 데 있으며, 매주 교회에 몇 번이나 출석하는지 또는 그리스도인 범퍼 스티커를 차에다 얼마나 장식했는지 등으로 그 수치가 측정되지는 않는다.

우리가 기독교라고 부르는 것이 논리적인 범주에는 들어맞지 않는다는 점을 알 수 있을 것이다. 예수님의 제자들과는 다르게 그분을 본 적도 만져 본 적도 없으며 그분 옆에서 함께 걸어본 적도 없는 우리가 예수 그리스도를 사랑한다니! 하지만 이것은 진실하다.

이 걸음은 단지 어떤 관념이나 선량한 한 사람의 영광을 사랑해서 걷는 것이 아니다. 이 사랑의 관계는 하나님의 사랑이 "우리에게 주신 성령으로 말미암아 하나님의 사랑이 우리 마음에 부은 바"(롬 5:5)된 순간 시작되었다.

베드로는 "예수를 너희가 보지 못하였으나 사랑하는도다 이제도 보지 못하나 믿고"(벧전 1:8)라고 하였다.

단란한 가정과 편안한 집을 떠나 그리스도를 따르도록 시몬 베드로를 압도적으로 이끈 것은 무엇이었다고 생각하는가? 하나님께서 그를 위해 예정해 두신대로 되는 것뿐이었는가? 그것이 최종적인 것은 아니었다. 그는 그리스도를 원하였다. 그의 마음이 그리스도께 사로잡혔다.

마찬가지로 바울이 사지와 목숨을 담보로 하여 자신을 사역의 노고 속에 넘어뜨렸던 수없이 많은 시련들을 끊임없이 감내하도록 만든 것은 무엇이었는가? 그는 우리가 의아해 하지 않도록 다음과 같이 말한다.

> "또한 모든 것을 해로 여김은 내 주 그리스도 예수를 아는 지식이 가장 고상함을 인함이라 내가 그를 위하여 모든 것을 잃어버리고 배설물로 여김은 그리스도를 얻고 그 안에서 발견되려 함이니 내가 가진 의는 율법에서 난 것이 아니요 오직 그리스도를 믿음으로 말미암은 것이니 곧 믿음으로 하나님께로서 난 의라" (빌 3:8~9)

바울의 이야기는 예수님께서 그의 마음을 사로잡았다는 사실을 고려하지 않는다면 영원히 미스터리 속에 덮인 수수께끼로 남을 것이다.

이 위대한 사도는 잔인한 매질에도 꿋꿋이 일어날 때마다 자신의 고통을 상급에 비추어 재보고 "내 주 그리스도 예수를 아는 지식이 가장 고상함을 인함이라"고 말했다.

그가 또 다른 도시의 사람들에게 귀한 복음을 전하기 위하여 길고도 외로운 길을 걸을 때, 그를 움직인 것은 설교할 때 느끼는 흥분도 아니었고 위대한 사람이 되고 싶다는 이기적인 욕망도 아니었다.

그는 우리에게 "내가 그리스도와 그 부활의 권능과 그 고난에 참예함을 알려 하여"(빌 3:10)라고 자신의 동기를 말해 주었다.

그의 보물은 그리스도였으며 이를 뜨겁게 추구하는 데 그의 발걸음이 따라왔다. 바로 이러한 이유 때문에 그는 자신의 믿음의 여정에서 '어딘가' 건너편으로 항상 건너가고 있었던 것이다.

　과거를 뒤에 남겨두려고 노력하는 일은 그리스도와 우리의 관계를 풍성하게 만들며, 이것 자체가 모든 상급 가운데 가장 큰 상급이다.

소망의 포로

　　　　　　　　고백할 것이 하나 있다. 나는 소망의 포로이다. 내가 이렇게까지 소망의 포로일 줄은 예전엔 미처 몰랐었다.

　내가 내심 '소망 중독자'라는 사실을 알기까지는 깊은 수렁과 험난한 시련, 극심한 상황들, 그리고 어둠 속에서 길을 더듬어야 했던 기나긴 나날들이 필요했다. 때때로 내가 소망을 좋아하지 않기를 바랐던 적도 있었고, 소망이 거의 원수와도 같아 보였던 때도 있었다. 당신이 정말 다 놓아 버리고 땅바닥에 엎드러지는 상황에서는 소망이 실제로 좌절을 불러 올 수도 있다.

　하지만 소망은 당신이 좌절 속에 낙심하고 있도록 가만 내버려두지 않는다. 힘겨운 난제 앞에 부딪혔을 때 그 누구도 당신을 건드리지 않더라도 소망만은 항상 당신에게 승부수를 던진다. 당신이 어떤 일로 낙심했을 때에도 당신 주위의 모든 사람들이 떠나갔을 때에도 소망만은 떠나가지 않는다. 소망은 정말 끈질긴 친구이다.

당신이 수렁에 빠져 도저히 출구를 찾지 못할 때, 소망은 "너는 여호와를 바랄찌어다 강하고 담대하며 여호와를 바랄찌어다"(시 27:14)라고 당신 귓가에 속삭인다.

"아직 백기를 꺼내들지는 말라"고 소망은 소리친다. 히브리서 기자는 소망을 '영혼의 닻'(히 6:19)이라고 불렀다. 시련의 깊은 물 속에 소망이 내려놓은 닻은 하나님의 선하심을 믿는 불멸의 믿음이다.

아직은 보이지 않는 하나님의 손이 우리의 선을 위하여 일하고 계시며, 우리가 그것을 보게 되는 날 하나님의 계획 안에서 기뻐하며 즐거워할 것이라고 소망은 믿는다.

소망은 지상에 존재하는 것 가운데서 가장 희망에 부푼 낙관주의자다. 소망은 시련의 시간들 속에서도 우리를 온전하고 변함없도록 지켜준다. 낙관적인 생각으로 가득 차 있고 긍정적인 생각에 확신을 두고 있는 사람을 보면 당신은 그에게 소망이 있다는 사실을 알 수 있다.

소망은 오늘의 어둠을 뛰어 넘어 더 밝은 내일을 바라본다. 소망은 하나님께서 당신이 춤추고 기뻐 소리치게끔 상황을 바꾸실 것이라 기대한다.

나는 소망 없이 살 수 없다. 나는 소망의 소망으로 은혜를 덧입히지 않은 삶을 생각해 볼 수 없다. 소망 없는 삶은 말 그대로 지옥이다. 아마도 소망은 내가 섬기는 하나님께 너무도 감사한 이유 가운데 하나일 것이다.

하나님은 "소망의 하나님"(롬 15:13)이시며 소망 자체이시다. 그리고 하나님의 임재는 소망이 가장 잘 자랄 수 있는 토양이 된다. 그리고 소망이 우리 안에서 여물어가면 우리는 우리가 "소망의 풍성함"(히 6:11)을 안고 있다는 사실을 발견하게 된다.

믿음은 하나님을 믿는 것인데 반해 소망은 그분을 기대하는 것이라는 점에서 서로 다르다.

"믿음은 바라는 것들의 실상이요 …"(히 11:1)

이 구절을 통해서 하나님께 응답을 얻는 데 믿음과 소망이 함께 일한다는 사실을 발견할 수 있다. 믿음은 그 약속들을 믿는 것이며, 여기에서 더 중요한 것은 그 약속들을 하나님 안에서 믿는 것이다. 믿음은 그 모든 신뢰를 하나님의 성품과 완전하심 가운데 둔다.

한편 소망은 약속으로 받은 것들이 지금 행해지고 있다는 사실을 기쁜 마음으로 기대하는 것이다.

바인의 《사전》에 소망에 해당하는 그리스어는 '유망하고 자신감 넘치는 기대, 보이지 않는 것들과 미래에 있을 일들과 관계있음, 소망은 선한 것들을 기쁘게 기대하는 것을 묘사함'이라고 정의되어 있다.

믿음은 믿고, 소망은 기대한다. 그리고 이 둘은 모든 그리스도인들에게 똑같이 소중한 것으로써 우리가 삶의 폭풍과 불확실한 상황들을 믿음으로 통과할 수 있도록 이끌어 준다.

믿음이 있으면 소망도 따른다. 믿음은 소망이 집을 짓는 토대이다. 소망이 죽는 이유는 가장 먼저 믿음이 흔들리기 때문이다. 소망은 믿음이 믿는 바를 기대한다.

당신이 하나님을 최고의 왕으로 모신 후 과거의 사슬을 끊어버리고 그분이 당신 앞에 두신 미래로 방향을 돌려 담대하게 한 걸음씩 내딛을 때 한 손에는 믿음을 다른 한 손에는 소망을 확실히 붙들고 있어야 한다.

소망과 믿음에 관한 이 작은 가르침이 지금 필요한 이유는 무엇인가? 당신이 하나님을 최고의 왕으로 모신 후 과거의 사슬을 끊어버리고 그분이 당신 앞에 두신 미래로 방향을 돌려 담대하게 한 걸음씩 내딛을 때, 한 손에는 믿음을 다른 한 손에는 소망을 확실히 붙들고 있어야 한다. 그리고 인내를 챙겨 꼭 넣는 일도 잊지 말아야 한다. 인내 없이는 결코 건너편까지 도달할 수 없기 때문이다.

당신은 다음 목적지까지 안전하게 도달하기 위해서 기꺼이 '소망의 포로'가 되어야 한다.

> "또 너로 말할진대 네 언약의 피를 인하여 내가 너의 갇힌 자들을 물 없는 구덩이에서 놓았나니 소망을 품은 갇혔던 자들아 너희는 보장으로 돌아올지니라 내가 오늘날도 이르노라 내가 배나 네게 갚을 것이라"(슥 9:11~12)

스가랴가 사역을 하던 시기는 이스라엘이 바벨론의 포로생활에서 해방된 무렵이었다. 유대 백성들이 포로로 있을 때 파괴된 성전을 다시 건축하는 일이 약 12여년에 걸쳐 절반 가량 진행되었다. 하나님께서는 스가랴를 부르시어 백성들이 다시금 그 건축 사업에 착수하도록 격려하라고 명하셨다.

스가랴는 그들의 부족한 열정을 비난하는 것이 아니라 영광스러운 미래의 비전을 제시하며 권고하였다. 메시야의 영광이 성전에 임하실 것이므로 그곳은 반드시 완공되어야 한다고. 그들은 단순히 건물 하나를 짓는 것이 아니라 그들의 미래를 세우고 있는 것이다.

스가랴는 두 가지가 백성들을 옭아맨다고 말하였다. 하나는 그들이 물 없는 우물의 포로였다는 점이다. 물 없는 우물이라 함은 70여 년 동안 그들이 경험했던 힘들고도 고된 끔찍한 포로생활을 비유하는 말이다. 즉 물 없는 우물은 영적인 자양분이 전혀 없는 상태를 상징한다. 그들은 영적인 갈급함 때문에 마치 죽어가는 듯하였다. 그들은 축복의 흐름을 전혀 감지하지 못하고 있었다.

이제까지 나는 하나님께서 이끄시지 않은 모든 곳은 필연적으로 물 없는 우물처럼 말라버린다는 사실을 배워 왔다. 영적인 생명수는 오직 하나님의 뜻 가운데에서만 흐른다.

우물가의 여인에게 예수님께서는 다음과 같이 말씀하셨다.

"이 물을 먹는 자마다 다시 목마르려니와 내가 주는 물을 먹는 자는 영원히 목마르지 아니하리니 나의 주는 물은 그 속에서 영생하도록 솟아나는 샘물이 되리라"(요 4:13~14)

우리가 과거에서 너무 오랫동안 머뭇거리고 있다면 그곳은 바로 물 없는 우물이 된다. 무절제한 애착, 과거의 성공, 마음의 상처, 실패,

외상trauma, 쓴 뿌리에서 구원받기를 절박하게 원하는 이들에게 하나님의 축복의 흐름이 여전히 존재한다고 믿느냐고 한 번 물어 보라.

사실 이렇게 과거에 묶여 있는 것은 감옥에 갇힌 상황이나 다름없다고 말할 수 있다. 1부에서 언급하였던 '여섯 가지 사슬'은 모두 영혼의 감옥이다. 그곳을 나오려면 그곳에 소망이 싹터야 한다.

이스라엘의 자녀들은 물 없는 우물 속에 있었지만 그렇다고 해서 소망의 목소리마저 듣지 못하지는 않았다.

토머스 풀러Thomas Fuller는 "소망이 없었더라면 아마 그들의 마음은 부서지고 말았을 것이다"라고 말하였다.

스가랴가 말했던 두번째 감옥이 가리키는 것이 무엇인지 짐작할 수 있겠는가? 이스라엘 백성들은 바로 스스로의 사슬에 꽁꽁 묶인 절망의 포로들이었다.

그들과 같이 당신도 스스로 생각하기에 유리하다고 여겨 바벨론 포로생활에서 빠져 나오지 못하고 있다. 그것은 오직 어린 양의 새 언약의 피로써만 끊어질 수 있다. 하나님께서는 그리스도를 통하여 당신과 피의 언약을 맺으셨고, 이 피의 언약보다 더 강력한 것은 아무 것도 없다.

> "양의 큰 목자이신 우리 주 예수를 영원한 언약의 피로 죽은 자 가운데서 이끌어 내신 평강의 하나님이 모든 선한 일에 너희를 온전케 하사 자기 뜻을 행하게 하시고 그 앞에 즐거운 것을 예수 그리스도로 말미암아 우리 속에 이루시기를 원하노라"(히 13:20~21)

스가랴 선지자는 이후에 "본거지로 돌아올지니라"고 하였다. 과거의 포로생활을 떠나온 우리가 돌아가야 할 본거지는 어디인가?

우리의 본거지는 그리스도시다. 그는 전쟁의 날에 우리를 지키시는 분이며, 환난 날에 우리의 본거지가 되시는 분이시다. 당신이 지금 이 순간 서 있는 곳에서 건너편으로 건너가는 데 진정 필요한 것은 오직 그리스도뿐이다.

우리가 포로처럼 무언가에 사로잡혀 있다고 느껴질 때 "나의 사랑, 나의 어여쁜 자야 일어나 함께 가자"라고 말씀하시는 신랑의 목소리에 귀 기울여라.

우리의 고통을 통해 다른 이들이 유익을 얻을 것이라는 사실을 앎과 함께, 그분께서 우리를 향해 예정하신 존재로 되길 원하는 마음을 품을 때만이 우리의 동기에 불이 붙는다. 더불어 그분을 알고자 하는 갈망은 우리 마음 가장 깊은 곳에서 우리를 끌어당기고 있다.

하지만 이 여정이 그리 쉽지만은 않을 수도 있다. 이제껏 보아 왔듯이 갑작스런 폭풍과 절망의 바람이 우리 열정의 기를 꺾을 수도 있다. 그렇기 때문에 우리는 소망의 포로가 되어야만 한다.

험난한 바다를 제자들이 안전하게 건너도록 이끄셨던 주님께서 당신도 지금 있는 곳에서 장차 거해야 할 장소로 안전하게 인도해 주실 것이다. 그리고 당신이 주님을 따를 때 그분께서는 부르신 목적 그대로 당신이 변화되도록 만들어 주실 것이다. 영광의 주님께서는 당신이 그분께 사로잡혔다는 사실을 알 수 있도록 이끌어 주실 것이다.

잠시 기다려 보라. 저만치에 있는 그 얼굴들이 보이는가? 그들의 표정을 한번 살펴보라. 그들은 당신이 오기를 기다려 왔다. 그런데 당신은 과거에서 시선을 돌린 이후로 스스로 얼마나 더 강해졌는지 아는가? 하나님께서는 당신이 강해지리라는 사실을 알고 계셨다. 그것이 바로 당신을 위해 하나님께서 바라오셨던 것이다.

그리고 이 여정을 계속하는 동안 당신은 모든 것 가운데 최고의 보물인 그리스도에 대해 알게 되었을 것이다. 당신이 과거를 뒤로 하고 앞으로 나아가는 데 모든 어려움을 겪어 내기에 그분은 충분히 가치 있는 분이시다.

온 힘을 다하여 그분을 따라가라. 과거를 바라보지 말고 뒤돌아 보지 말고 내일을 향하여 전진하며 예수님을 소망하라.

이제 당신에게 나의 말을 줄일 때가 되었다. 나는 또 가야 할 나만의 여정이 있기 때문이다. 건너편에서 우리 함께 만나자!

> 당신은 모든 것 가운데 최고의 보물인 그리스도에 대해 알게 되었을 것이다. 과거를 바라보지 말고 뒤돌아 보지 말고 내일을 향하여 전진하며 예수님을 소망하라.

생각해 볼 문제 ••••••••••••••••••••••••••

1. 당신이 가장 소중히 여기고 있는 당신의 보물은 무엇인가?
   무엇이 당신의 모든 삶과 마음을 차지하고 있는가?

2. 과거에 얽매여 그 굴레에서 헤어나오지 못하고 과거 속에서
   살 것인가? 아니면 다리를 길게 뻗어 미래로 향하는 건널목
   을 건널 것인가? 모든 것은 당신의 선택에 달려 있다. 당신은
   무엇을 선택할 것인가?

미래를 여는 지식의 힘—

상상예찬 (주) ▪▪ 도서 선·미디어
　　　　　　 ▪▪ 출판

http://www.**smbooks**.com Tel. 02-325-5191

내일을 위한
선택

지은이 | 제프 워와이어
옮긴이 | 김미정
펴낸이 | 김원중

편 집 | 이민수
디자인 | 이수연
마케팅 | 김재국
관 리 | 이지영

초판인쇄 | 2006년 10월 20일
초판발행 | 2006년 10월 25일

출판등록 | 제2-2576호(1998.8.27)

펴 낸 곳 | 도서출판 선미디어
　　　　　상상예찬(주)

주　　소 | 서울시 마포구 상수동 324-11
전　　화 | (02)325-5191
팩　　스 | (02)325-5008
홈페이지 | http://smbooks.com

ISBN 89-88323-89-0 03230

값 9,800원